WIE MAN SEINEM DATE SAGST, DASS ES DUMM IST

DER ULTIMATIV WITZIGE RATGEBER FÜR DEN DATING- UND BEZIEHUNGSWAHNSINN – GESCHENK FÜR FREUNDE, FAMILIE, VERWANDTE UND KOLLEGEN

BARBARA RABENSTEIN

MAGIC TOUCH PUBLISHING

INHALT

VORWORT

Nicht, dass jemand wie du, ausgestattet mit zauberhaftem Charisma und magischer Anziehungskraft, jemals einen Dating-Ratgeber bräuchte. Seien wir ehrlich: Du gewinnst Herzen allein, indem du erscheinst.

Daher kann man nicht oft genug betonen, wie edelmütig es von dir ist, über deinen Schatten zu springen und dieses Buch zur Hand zu nehmen.

Es wird dich in Aspekte von Dating und Beziehungsleben einführen, damit du die Welt der weniger Glänzenden unter uns besser verstehen kannst.

In einer Zeit, in der die Suche nach der wahren Liebe oft mit Wischbewegungen auf dem Bildschirm beginnt, in der „Es ist kompliziert" ein Beziehungsstatus ist und das perfekte Selfie über das Schicksal deines Liebeslebens entscheiden kann, ist es essenziell, gewappnet zu sein. Doch keine Sorge, mit diesem Ratgeber in der Hand (oder auf dem Bildschirm) wirst du bald durch die Dating-Welt segeln wie ein Profi, ausgerüstet mit Insiderwissen, das selbst Casanova oder Kleopatra vor Neid erblassen ließe.

Das Universum des Datings kann ein Minenfeld sein, voll mit Restbeständen gescheiterter Tinder-Dates. Damit du deine Zeit nicht mit hoffnungslosen Fällen verschwendest, sondern entweder elegant jedes Date in die große Chance verwandelst oder zumindest eine gute Story für das nächste Treffen mit deinen Freunden und Freundinnen hast, gibt dir das Buch wertvolle Tipps.

Sollte die Chemie zwischen dir und deinem Date einmal so explosiv sein wie ein Experiment im Biologieunterricht, wirst du Ratschläge finden, wie du dich in Sekundenschnelle in einen Geist verwandelst und für immer verschwindest.

Doch wir gehen davon aus, dass es nur eine Frage von Tagen, was sage ich, Stunden, ist, bis du deinen Traumpartner bzw. deine Traumpartnerin kennengelernt hast. Dann geht es schnurstracks Richtung Beziehung. Damit dir auch da keine Fehler unterlaufen, gibt es ebenfalls noch ein paar Ratschläge.

Doch tauchen wir nun gemeinsam ein in die zauberhafte Welt des ersten Rendezvous. Mit den Tipps in diesem Buch wird das nächste Date bestimmt ein voller Erfolg.

PS: Denke immer dran: Die Anwendung der Empfehlungen erfolgt auf eigene Gefahr.

1

DEIN PROFIL

Heute läuft fast alles medial ab, kurz über das Internet.

Bevor du deinen zukünftigen Partner bzw. deine neue Partnerin persönlich kennenlernen wirst – außer du zählst zu den wenigen, die wirklich abends beim Fortgehen, auf der Uni-Bibliothek oder im Sozialraum deiner Firma die große Liebe finden, musst du dich erst einmal auf einer Plattform präsentieren. Wer die Plattform anbietet, ist eigentlich einerlei. Denn folgende Hinweise gelten für Tinder ebenso wie für alle anderen (und auch für Facebook oder Instagram).

Alles beginnt mit einem perfekt gestalteten Profil – ein Bereich, in dem viele hoffnungsfrohe Seelen scheitern, noch bevor das eigentliche Spiel begonnen hat. Dein Dating-Profil ist deine Visitenkarte, dein Werbeplakat, dein Schaufenster für die Welt, das allen zeigt, wer du gerne sein möchtest, und welches die Art von Menschen anzieht, die du wirklich treffen willst.

Gehen wir aber alles der Reihe nach durch.

. . .

Zuerst das Profilbild

Ein klassischer Fehler ist das berüchtigte Badezimmerspiegel-Selfie, komplett mit Handtuchhalter und Duschvorhang im Hintergrund.

Nein, nein und nochmals nein.

Dein Profilbild sollte dich von deiner besten Seite zeigen, idealerweise beim Ausüben einer deiner Leidenschaften (außer natürlich, deine Leidenschaft ist das Betrachten von Badezimmerspiegeln).

Es sagt viel aus, wenn du ein Bild wählst, das dich beim Wandern, Malen oder beim verzweifelten Versuch zeigt, deinen Kater in ein Piratenkostüm zu zwängen. Es beweist, dass du Interessen hast – und das ist sexy.

Dann die Bio

Hier scheiden sich die Geister. Einige schwören auf kryptische Zitate von Philosophen, die keiner versteht, andere auf eine Auflistung ihrer Lebensmittelunverträglichkeiten. Warum nicht etwas schreiben, das dich tatsächlich charakterisiert? Zum Beispiel: „Hobby-Archäologin auf der Suche nach der verlorenen Fernbedienung", „Meister im Umgang mit der Kaffeemaschine", „Verteidigerin der letzten Schokoladenstücke" oder „Hat eine leichte Obsession mit Karaoke – dein Risiko, wenn du ‚Bohemian Rhapsody' mit mir singst."

Vergiss nicht, etwas über deine Suche nach der großen Liebe zu erwähnen. Sei ehrlich in Bezug darauf, was du wirklich willst. „Möchte jemanden kennenlernen, der mit mir durch Möbelhäuser läuft und so tut, als wären wir auf der Suche nach unserem perfekten Zuhause? Bonuspunkte, wenn du in der Lage bist, ohne Anleitung Möbel aufzubauen."

. . .

Zu guter Letzt, die Auswahl weiterer Bilder

Ein Bild von dir in einer Gruppe von Freunden zeigt, dass du sozial kompetent bist. Ein Bild mit deinem Haustier beweist, dass du fähig bist, dich auch um andere und nicht nur um dich selbst zu kümmern. Und ein Bild von dir an einem exotischen Ort oder bei einer interessanten Aktivität zeigt, dass du Abenteuer liebst – oder zumindest einmal aus Versehen aus dem Haus gegangen bist.

Denke daran, dein Dating-Profil ist der erste Schritt auf der Reise, nicht das Ziel. Mach es persönlich und zeig der Welt da draußen, dass du nicht nur ein weiteres Gesicht im digitalen Meer der Einsamkeit bist.

2

DAS ERSTE TREFFEN – EIN PAAR TIPPS VORAB

Es ist dir gelungen, ein erstes Treffen zu vereinbaren. Wie, weißt du selbst nicht genau. Aber offensichtlich fand dein Date dein Profil so interessant, dass du weder gleich weggewischt noch nach einigen recht fragwürdigen SMS vorzeitig aussortiert wurdest.

Gratuliere und weiter so!

Nimm dir folgende Tipps zu Herzen und dein nächstes Date wird sicher ein voller Erfolg – oder zumindest ein unvergessliches Erlebnis.

1. Verblüffe mit deinem unglaublichen Wissen

Verblüffe dein Date mit all den Fakten, die du durch das vorangegangene Stalking bereits herausgefunden hast. Verknüpfe das mit Komplimenten wie: „Ich finde deine neue Bettwäsche ganz bezaubernd." Bonuspunkte gibt es, wenn du noch die Farbe der Kissenhülle erwähnst.

. . .

2. Trage dein Herz auf der Zunge – und deine Vorlieben auf dem T-Shirt

Beim ersten Date ein Shirt zu tragen, auf dem sich wichtige Informationen über deine Einstellungen und Präferenzen befinden, spart Zeit beim Kennenlernen und zeigt, dass du wirklich nichts zu verbergen hast. Warum Zeit mit Small Talk verschwenden? Dein Shirt könnte etwa sagen: „Single, aber bereit, über meine Katzenvideos zu reden". Das ist ein echter Eisbrecher und lässt dich schnell zur Sache kommen.

3. Mach dir fleißig Notizen – so ein Date ist ein wahres Wissensmeer

Halte ein Notizbuch griffbereit und nimm die Situation ernst. Jedes Mal, wenn dein Date etwas Interessantes sagt, runzle konzentriert die Stirn und schreib es auf. Bei besonders beeindruckenden Aussagen murmelst du leise „Faszinierend, wirklich faszinierend" und machst einen Vermerk. So weiß dein Date gleich: Hier ist jemand, der sich für alle Details interessiert!

4. Stelle intellektuelle Ansprüche – nur das Beste ist gut genug

Geh auf Nummer sicher, weshalb dein Date vor dem Treffen einen anspruchsvollen IQ-Test absolvieren sollte. Formuliere es freundlich: „Weißt du, ich habe wirklich kein Interesse an Personen, die so schlau sind wie die durchschnittliche Feldgurke." Das klingt charmant und diplomatisch.

5. Lass Dinner und Kino links liegen – ab zum TÜV

Nichts gegen ein gutes Dinner, aber zeige deine Originalität. Überrasche dein Date mit einem Besuch beim TÜV. Stellt euch gemeinsam in die Wartehalle, setzt euch auf die knallharten Plastikstühle und werft einen Blick auf die lustigen Hinweisschilder an der Wand. Aufregung garantiert!

6. Bewerte jede Kleinigkeit laut und ohne Filter

Das Date läuft, ihr unterhaltet euch nett – und du hast natürlich deinen Bewertungsbogen dabei. Vergib Noten an deine Begleitung in den Kategorien erster Eindruck, Outfit & Styling, Etikette, Fun-Faktor und Sex-Appeal.

Mach kein Geheimnis daraus! Teile jede Änderung umgehend und lautstark mit: „Diese Geschichte war zu lang und nur wenig unterhaltsam. Vorsicht, bei Fun-Faktor bist du jetzt auf einer Vier."

7. Bring dein Lieblingsbuch mit und erwarte sofortiges Interesse

Was gibt es Schöneres, als sich über ein Buch auszutauschen? Trag dein Lieblingsbuch bei dir und bitte dein Date, es gleich auf der Stelle zu lesen, damit ihr etwas habt, worüber ihr euch unterhalten könnt.

Diskutiere ausführlich Kapitel 1 und 2, um zu überprüfen, ob dein Date auch wirklich alles verstanden hat.

8. Zaubertrick gefällig? Lass jemanden verschwinden – dich selbst!

Schlag einen kleinen Zaubertrick vor und kündige mysteriös an: „Ich werde jetzt jemanden verschwinden lassen." Dass diese Person du selbst bist, merkt dein Date dann schon.

Du kriechst nämlich dramatisch unter den Tisch und verschwindest anschließend aus dem Raum. Später schickst du deinem Date eine Nachricht und bedankst dich dafür, dass es so gut mitgespielt hat.

. . .

9. Verweise auf deinen Psychotherapeuten und eure Sessions

Mach schon früh klar, dass du nicht länger als eine Stunde am Stück mit der gleichen Person verbringen solltest – „der Sicherheit dieser Person zuliebe“, wie dein Psychotherapeut empfohlen hat.

Das zeigt wahres Verantwortungsbewusstsein und bietet dir ein perfektes Zeitlimit!

10. Habe immer eine Anekdote parat, die zeigt, dass du ein Abenteurer bist

„Letzte Woche habe ich eine Netflix-Serie angefangen und nicht direkt die nächste Folge geschaut. Richtig, ich habe den Cliffhanger ausgehalten. Ich lebe am Rande des Risikos.“

11. Sorg für Gesellschaft und zieh dich galant zurück

Finde im Café oder Restaurant eine fremde Person und stell sie deinem Date mit einem charmanten „Ihr habt euch bestimmt viel zu erzählen, da will ich nicht stören!“ vor.

Geh dann in aller Ruhe spazieren – das Gespräch wird in deiner Abwesenheit sicher ganz harmonisch verlaufen.

12. Tu so, als wäre dein Date plötzlich verschwunden

Plötzlich schwenkst du panisch den Kopf: „Wo bist du hin?!“ Such hektisch unter dem Tisch und sieh dich verzweifelt um, als hättest du etwas ganz Wichtiges verloren.

Dann murmelst du enttäuscht: „Tja, schon wieder jemand, der sich einfach in Luft auflöst“, und gehst mit hängendem Kopf Richtung Ausgang.

. . .

13. Romantik ist nicht tot, nur etwas ... spezifisch

Überrasche dein Date mit einem Bouquet aus USB-Sticks, voll mit deinen Lieblings-Podcasts.

Das ist nicht nur praktisch, sondern auch ungemein persönlich.

14. Nutze die Macht der Musik

Stelle sicher, dass dein Handy mit einem Lautsprecher verbunden ist, der automatisch romantische Musik abspielt, sobald du einen Raum betrittst.

Nichts sagt so deutlich „Ich bin bereit für Liebe“ wie ein persönlicher Soundtrack.

15. Zeig, dass du umweltbewusst bist

Bring dein eigenes Besteck zum Date. „Ich bin nicht nur hier, um dein Herz zu erobern, sondern auch, um Plastikmüll zu reduzieren.“

16. Loblieder auf sich selbst singen ist out

Lass es andere für dich tun. Bring einen Freund oder eine Freundin mit zum Date, der oder die immer wieder darauf hinweist, wie toll und unwiderstehlich du bist. Diskretion ist hierbei nicht erforderlich.

17. Präsentiere deine Hobbys mit einem Twist

„Mein Hobby ist es, Wikipedia-Artikel zu lesen und dann die Informationen in unwahrscheinlichen Alltagssituationen einzusetzen. Wusstest du, dass ...“

. . .

18. Verwandle jedes Kompliment in eine epische Saga

Statt „Du siehst gut aus“ lieber „In einer Welt, in der das Chaos regiert, bringt dein Anblick Ordnung in mein Herz.“

19. Biete eine innovative Art, Nummern zu tauschen

Tauscht eure Nummern via Flaschenpost aus. Es dauert vielleicht ein wenig länger, aber es ist definitiv romantischer.

20. Bring den ganzen Clan mit – und dazu eine Hochzeitsplanerin!

Nichts sagt „Ich bin bereit“ so deutlich wie die Entscheidung, deine Eltern, Großeltern, besten Freunde und sicherheitshalber auch noch eine Hochzeitsplanerin mitzubringen.

Stell die ganze Truppe vor, lass sie sich am Tisch verteilen und frag dann direkt, ob dein Date schon mal über eine Hochzeit in der Toskana nachgedacht hat. Ein leichtes Nervenzucken in seinem/ihrem Lächeln ist übrigens ein gutes Zeichen.

3

DATING-TYPEN

Männerbekanntschaften

Dating ist und bleibt geheimnisvoll – man weiß nie, wen man kennenlernen wird, besonders wenn es um die verschiedenen Typen von Männern geht. Hier ist ein Blick auf einige der Charaktere, die du bei deinen Dating-Streifzügen treffen könntest.

1. Das Date mit dem Casanova

Da steht er vor dir – der Casanova. Perfekt gekleidet, mit einem Grinsen, das vermutlich bereits als Waffe in mehreren romantischen Kriegen zum Einsatz gekommen ist. Kaum hast du dich hingesetzt, greift er nach deiner Hand und haucht: „Ich wusste sofort, dass du etwas Besonderes bist." Du nickst höflich und versuchst, nicht laut aufzulachen, als er dir diesen Blick zuwirft, der wohl schon 137 Frauen vor dir zu sagen versuchte: „Du bist die Einzige".

Er beginnt das Date mit einem Feuerwerk an Komplimenten, die in ihrer perfekten Ausformulierung selbst die erfolgreichsten Liebesromanautorinnen vor Neid erblassen ließen.

„Deine Augen", sagt er mit einem dramatischen Seufzer, „sie haben eine Tiefe wie der Ozean." Kurz überlegst du, ob er vielleicht ein Gedicht vorbereitet hat, aber dann geht es weiter: „Es ist, als könnte ich in ihnen versinken und nie wieder auftauchen." Du lächelst und denkst an deine Augenringe, die dir der aktuelle Stress im Job beschert hat.

Kaum ist das erste Getränk da, lehnt er sich geheimnisvoll nach vorn und schmeichelt: „Das hier ist kein gewöhnliches Date für mich." Ah, natürlich nicht. Du bist dir fast sicher, dass er dieselben Worte vorgestern am gleichen Tisch im gleichen Restaurant geflüstert hat. Aber er schaut dich so intensiv an und du hast das Gefühl, als wäre das Licht genau für diesen Moment gedimmt worden und die Kellnerin im Hintergrund kurz zum Stillstand gekommen, um den dramatischen Effekt zu verstärken.

Seine Liebesbekundungen werden immer blumiger: „Wenn ich dich ansehe, fühle ich mich wie ein Dichter im Frühling." Du fragst dich insgeheim, ob er gleich aus seinem Repertoire an Schiller- oder Goethe-Zitaten schöpfen wird, aber es geht eher bodenständig weiter mit: „Ich habe auf so jemanden wie dich gewartet. Jemand, der mich versteht. Der die Schönheit des Lebens so sieht wie ich." Du nickst und versuchst, ihn nicht daran zu erinnern, dass ihr euch gerade mal seit zwanzig Minuten kennt und das Einzige, was ihr bisher gemeinsam gemacht habt, die Getränkebestellung war.

Während das Date fortschreitet, erzählt er dir Geschichten von seinen Abenteuern. „Weißt du, ich habe schon in Paris, Rom und Venedig Dates gehabt – aber so etwas wie das hier? Das hatte ich noch nie." Oh ja, du glaubst ihm sofort, dass er in jeder dieser Städte einer armen Frau genau dieselben Augenblicke verkauft hat. Und er fährt fort: „Bei dir, da fühle ich eine Verbundenheit, die über Worte hinausgeht."

Als der Abend zu Ende geht, hält er inne und nimmt erneut deine Hand – diesmal für das große Finale. „Ich möchte, dass du weißt, dass dieser Abend für mich wirklich etwas ganz Besonderes war." Du spürst, wie er erwartet, dass du ihm auf der Stelle dein Herz schenkst. Stattdessen lächelst du höflich und sagst „Ja, danke, es war nett."

Leicht perplex startet er einen letzten Versuch und haucht dir: „Ich werde von dir träumen" ins Ohr, bevor er endgültig von dannen schreitet. Du gehst nach Hause und denkst daran, dass er vermutlich schon bald versuchen wird, das nächste Date von der „Verbundenheit, die über Worte hinausgeht" zu überzeugen.

2. Das Date mit dem Fitness-Fanatiker

Statt einer Rose hält dir der Fitness-Fanatiker einen Proteinshake entgegen und sagt mit einem strahlenden Lächeln: „Für deinen Pre-Workout-Boost!" Das Date beginnt, und er setzt sich dir gegenüber, mit einer Körperhaltung, die sagt: „Ich könnte jederzeit aufstehen und 100 Liegestütze machen, wenn du mich darum bittest." Tust du aber nicht, weshalb er zu seiner ersten Frage kommt, die lautet: „Wie viel Protein nimmst du eigentlich täglich zu dir?" Du schüttelst nur kurz den Kopf und murmelst etwas von „genug", in der Hoffnung, das Thema wäre damit erledigt. Falsch gedacht. Er zählt dir seine gesamte Ernährungsliste auf, die vermutlich mehr Grammzahlen enthält als ein Mathematikbuch. „Für die Muckis, weißt du?" zwinkert er und klopft dabei auf seinen Bizeps. Du nickst beeindruckt und versuchst, nicht an das Croissant zu denken, das du heute Morgen genossen hast – ein Croissant mit null Gramm Protein, der vollen Ladung an Kohlehydraten und maximaler Geschmacksverstärkung.

Während du versuchst, das Gespräch auf ein anderes Thema zu lenken, drängt er dich zurück in die Welt der Fitness-Gurus. „Smoothies sind mein Ding", sagt er und zieht sein Handy hervor, um dir stolz seinen Instagram-Account zu zeigen. Jede zweite Story ist ein Bild von seinem Bizeps oder einem kunstvoll arrangierten Superfood-Smoothie. „Das ist mein grüner Matcha-Spinat-Kale-Avocado-Smoothie – schmeckt fantastisch!", behauptet er und sieht dich erwartungsvoll an, als würde er hoffen, dass du sofort deinen Frühstücksplan umstellst.

Das Essen kommt, und natürlich hat er schon vorher die Kalorien und das Verhältnis von Makronährstoffen des gesamten Menüs ausgerechnet. „Die Hühnchenbrust hat hier 30 Gramm Eiweiß“, flüstert er aufgeregt, als hätte er gerade den Jackpot geknackt. Deine Pasta dagegen wird argwöhnisch begutachtet. Mit einer Mischung aus Entsetzen und Mitleid, als würdest du gerade einen folgenschweren Fehler begehen, meint er: „Du weißt schon, das sind leere Kalorien. Aber kein Stress“, setzt er schnell mit einem tröstenden Lächeln hinzu, „ich kann dir später noch eine Liste proteinreicher Alternativen schicken.“

Anschließend erzählt er dir begeistert von seinem letzten „Beast Mode“-Workout. „Eine Stunde nur Beine, dann 30 Minuten Bauch und zum Abschluss 15 Minuten Cardio – man will ja schließlich physisch nicht verkommen.“

Dann kommt es, wie es kommen muss. „Wie oft gehst du denn ins ?“, fragt er und sieht dich erwartungsvoll an, als wäre das die entscheidende Frage des Abends. „Ähm … so einmal die Woche?“ stotterst du, woraufhin er entsetzt zurückweicht, als hätte er gerade erfahren, dass du in einem früheren Leben eine Couch warst.

Dann kommt das Thema Schlaf. „Regeneration ist so wichtig“, erklärt er dir in einem Ton, als hätte er das Geheimnis des Universums entdeckt. „Ich schlafe immer acht Stunden, keine Minute weniger, keine mehr.“ Du nickst und denkst an deine Netflix-Binges bis spät in die Nacht. Während er darüber sinniert, wie gut er sich nach acht Stunden Tiefschlaf fühlt, beschließt du, ihm besser nichts mehr von deinen Lebensgewohnheiten zu erzählen.

Zum Abschluss des Dates schlägt er vor, dass ihr gemeinsam ein „lockeres Training“ machen könntet. „Es wird dir Spaß machen“, sagt er und lächelt so enthusiastisch, dass du fast glaubst, er würde tatsächlich etwas Nettes vorschlagen. „Nur ein paar Kniebeugen,

Burpees und vielleicht ein wenig Gewichtheben. Es ist eine tolle Art, sich kennenzulernen!" Du nickst und tust so, als würdest du begeistert über diesen Plan nachdenken, während du dich innerlich auf eine Fluchtstrategie vorbereitest.

Zum Abschied drückt er dir fest die Hand und gibt dir eine „Probetüte" mit seinen liebsten Proteinriegeln. Du siehst du dir die Tüte an und denkst an dein weiches Bett, den Schokopudding im Kühlschrank und wie du nach diesem Date erst mal regenerieren musst.

3. Das Date mit dem Tech-Nerd

Kaum hast du „Hallo" gesagt, klappt der Tech-Nerd sein Tablet auf und legt sein neuestes Smartphone neben sich, als wäre es ein Juwel aus einer geheimen Schatzkammer. „Das ist das neue Modell, gerade aus Japan eingetroffen! Es hat einen 20-Kern-Prozessor und eine Kamera, die so scharf ist, dass du die Poren einer Ameise sehen kannst." Du lächelst höflich und überlegst kurz, wie oft du bisher den Wunsch hattest, eine Ameise in High-Definition zu betrachten.

Er strahlt dich an und schlägt vor, das Date per Livestream über eine „brandneue App" zu teilen, die er gerade testet. „Stell dir vor, wir könnten unsere Erinnerungen in Echtzeit speichern!", sagt er begeistert, als ob die gesamte Menschheit nur darauf gewartet hätte, sich eure Gespräche in 4K anzusehen. Du nickst dennoch höflich und hoffst, dass der Stream keine Gesichtserkennung hat, die deinen leicht genervten Blick registrieren könnte.

Dann zieht er sein zweites Smartphone hervor – „zur Notfallkommunikation". Du bittest die Kellnerin um einen Cappuccino und hörst ihm zu, wie er seine Bestellung aufgibt, die so komplex ist, dass die Bedienung kurz innehalten muss, um sicherzugehen, dass sie alles richtig verstanden hat.

Während du genüsslich an deinem Kaffee nippst, erzählt er dir mit leuchtenden Augen von seiner neuesten Anschaffung: einer Smartwatch, die alles trackt. Und wenn er „alles" sagt, meint er wirklich alles. „Diese Uhr", erklärt er stolz, „misst meine Herzfrequenz, meinen Blutdruck, die Anzahl meiner Atemzüge pro Minute und sogar meinen Stresslevel, basierend auf meinem Augenblinzeln." Du zeigst dich beeindruckt.

Dann nimmt er sein Handy und öffnet eine App mit einer bunten Grafik. „Das ist mein Schlaf-Tracker", sagt er und zoomt auf eine Art farbiges Diagramm. „Letzte Nacht hatte ich drei Stunden REM-Schlaf und zwei Stunden Tiefschlaf – die perfekte Kombination für Produktivität." Er sieht dich stolz an und du bringst es nicht übers Herz, ihm zu sagen, dass du meistens einfach die Augen schließt und dann – was für eine Überraschung – einfach durchschläfst.

Als die Rechnung kommt, murmelt etwas von „unoptimierten Zahlungsmethoden". Er verweist auf seine virtuelle Kreditkarte und hält einen fünfminütigen Vortrag über „Blockchain-basierte Bezahltechnologien". „Sieh dir das an", sagt er enthusiastisch, „das ist die Zukunft! Keine traditionellen Banken, alles dezentralisiert." Du nickst und reichst dem Kellner deine Mastercard.

Zum Abschluss des Dates zückt er sein neuestes Gadget – eine winzige Kamera-Drohne. „Für Selfies", erklärt er, „aber in Top-Qualität, nicht dieses lächerliche Handy Gedöns." Bevor du widersprechen kannst, surrt die Drohne los und nimmt euch aus allen Winkeln auf, während er dir erklärt, dass es darum geht, „die Symmetrie des Moments einzufangen." Symmetrie des Moments? Du fragst dich, ob das Tech-Nerd-Romantik ist. Für das nächste Mal schlägt er ein „virtuelles Date in der VR-Welt" vor. Dir ist allerdings klar geworden, dass du jetzt dringend ein analoges Detox benötigst.

4. Das Date mit dem Spaßvogel

Da ist er also, der Lustige. Kaum tritt er ins Café, beginnt er eine regelrechte Serie an Witzen, die dir alle bestens bekannt vorkommen. Seine Ausdauer dabei ist bewundernswert – er wirkt wie ein Stand-up-Comedian, dessen Mission es ist, dein Lächeln einzufrieren. Ein Witz nach dem anderen prasselt auf dich ein, und du fragst dich, ob es tatsächlich dem Gebot der Höflichkeit entspricht, so zu tun, als hättest du sie alle noch nie gehört.

„Kennst du den schon?“, wird zu eurem Running Gag des Abends.

Zwischen seinen Witzen und Geschichten, die an Comedy-Sketches erinnern, versuchst du immer wieder ernsthafte Gesprächsthemen einzustreuen. Vergeblich. Der Lustige bleibt unerbittlich – jede deiner Fragen kontert er mit einer Pointe, jeden deiner ernsthaften Einwürfe verwandelt er in eine Anekdote.

Und irgendwann, irgendwo zwischen dem fünften „Warum hat das Huhn die Straße überquert?“ und deinem dritten Cocktail, den du inzwischen zum Überleben bestellt hast, versuchst du den Charme hinter dieser unerschöpflichen Fassade des Humors zu erkennen.

Das Date endet nicht mit einem romantischen Kuss, sondern einem High-Five und dem Versprechen, dass er dir beim nächsten Mal eine ganz neue Serie an „noch nie gehörten“ Witzen mitbringt.

So gehst du nach Hause – leicht verwirrt, aber amüsiert. Der Spaßvogel hat vielleicht keinen Weg direkt in dein Herz gefunden, aber er hat definitiv einen witzigen Eindruck hinterlassen.

5. Das Date mit dem Workaholic

Der Workaholic verspätet sich etwas und murmelt entschuldigend: „Wichtiger Call.“ Kaum habt ihr euch hingesetzt, legt er sein Smartphone auf den Tisch und öffnet sofort seinen Laptop. „Ich hoffe, das stört dich nicht“, sagt er und lächelt kurz, bevor er hektisch auf der Tastatur tippt. Du lächelst höflich zurück und stellst fest, dass dein Date so aussieht, als könnte es jederzeit bei einem Business-Meeting fortsetzen.

Kaum habt ihr die Speisekarte durchgesehen, vibriert sein Handy. „Oh, Moment ... wichtiger Kunde", murmelt er und hebt einen Finger, um dir zu signalisieren, dass dies nur einen kurzen Moment dauern wird. Zwanzig Minuten später bestellst du schon mal dein Getränk, während er über irgendwelche Umsatzzahlen redet, die „dringend analysiert werden müssen".

Als der Kellner die Bestellung aufnimmt, sagt er, ohne seinen Blick vom Laptop-Bildschirm abzuwenden: „Für mich das Steak, medium-rare. Und das Mineralwasser bitte ohne Sprudel." Du überlegst, ob du ihm beim nächsten Gang zur Toilette kurz eine Nachricht auf seine Voicemail sprechen sollst, um kurzzeitig seine volle Aufmerksamkeit zu bekommen.

Zwischen zwei Mails findet er dann doch einen Moment, um dich anzusehen. „Also, was machst du beruflich?", fragt er, während seine Finger fast automatisch weiter auf seinem Handy tippen. Du erzählst ihm von deinem Job, aber gerade, als du bei einem interessanten Detail angekommen bist, läutet abermals sein Handy. „Oh, Verzeihung – mein Chef braucht mich in der Leitung. Ganz kurz nur!" Er zwinkert dir zu, als wäre dieser Moment der ultimative Flirt, und verschwindet hinter dem Bildschirm seines Laptops.

Der Hauptgang kommt, und er tippt noch immer eine E-Mail, während er gelegentlich einen Bissen nimmt. „Wusstest du", sagt er plötzlich, „dass 85 % der Geschäftsabschlüsse erfolgreich zwischen dem ersten und dem zweiten Gang verhandelt werden?" Du äußerst ein „Ach, interessant" und beschließt, das Essen zu genießen, während er an seine Umsatzzahlen denkt. Immerhin hast du etwas dazu gelernt: Geschäftsabschlüsse harmonieren offensichtlich hervorragend mit Steak.

Zwischendurch versucht er, ein wenig romantisch zu wirken. „Es ist schön, mal jemanden zu treffen, der nicht in meinem Team ist", sagt er und greift über den Tisch nach deiner Hand. Aber genau in dem Moment piepst eine Nachricht auf seinem Handy. „Entschuldigung, das muss ich kurz checken. Nur eine Sekunde." Er lässt deine Hand los und vertieft sich in die Nachricht.

Das Date endet mit einem letzten Anruf, bei dem er dir ein entschuldigendes Lächeln zuwirft und in die Telefonleitung murmelt: „Ja, ich bin gerade in einem wichtigen Meeting." Zum Schluss gibt er dir seine Visitenkarte und fragt dich, ob du morgen „Zeit für ein Brunch-Meeting hättest – das wäre ein produktiver Start in den Nachmittag." Du lächelst und denkst, dass er vorher vielleicht noch lernen sollte, wie man sein Handy in den Flugmodus versetzt.

6. Das Date mit dem Heimwerker

Mit funkelnden Augen und einem staubigen T-Shirt steht der Heimwerker vor dir und meint entschuldigend: „Bin ein bisschen spät dran, aber „ich musste zu Hause noch schnell die Wand fertig verputzen. Was dagegen, wenn wir in den nächsten Baumarkt gehen? Ich müsste noch schnell neue Farbe besorgen."

Ein Baumarkt ist für dich ein Bereich, den du normalerweise nur betrittst, wenn eine Glühbirne ausgetauscht werden muss. Doch für ihn ist dieser Ort ein echtes Paradies. Kaum habt ihr die Türschwelle überschritten, verliert er sich in einem endlosen Monolog über Wandfarben, Fliesenkleber und das revolutionäre neue Bohrsystem, das „unfassbar effizient" ist. „Die Farbenabteilung ist da vorne", erklärt er begeistert, „lass uns die perfekte Nuance für das Wohnzimmer finden – du hast doch bestimmt ein Auge für Details, oder?"

Dort angekommen hält er zwei Farbdosen in nahezu identischen Beigetönen hoch und fragt dich todernst: „Würdest du eher ‚Sandstrand' oder ‚Karamellhauch' nehmen?" Du starrst auf die Farben und versuchst, Unterschiede zu erkennen, aber für dich ist das einfach nur ... beige. „Äh, Karamellhauch?", sagst du vorsichtig, und er nickt anerkennend. „Guter Geschmack", sagt er und wirft dir einen zufriedenen Blick zu, bevor er direkt zur nächsten Frage springt: „Und wie stehst du zu Akzentwänden?" Dazu hält er dir eine

Farbkarte mit so vielen verschiedenen Tönen entgegen, dass du kurz überlegst, ob sie das Farbenspektrum des Regenbogens komplett abdeckt.

Dann führt er dich zur Abteilung für Fliesen, wo er eine Diskussion über „fugenlose Böden" anfängt und dir detailliert erklärt, warum der aktuelle Fliesentrend „total überbewertet" ist. Du nickst nur noch und fragst dich, ob er jemals auf eine Party eingeladen wird, ohne zu versuchen, die Klebefehler der Tapete zu analysieren.

Zwischen zwei Regalen packt er plötzlich einen Bohrer aus und erklärt mit leuchtenden Augen: „Das hier ist der neueste Akkuschrauber mit Schlagfunktion! Wenn du einmal diesen Kraftgriff spürst, willst du nichts anderes mehr." Du lächelst tapfer und als er dir das Ding in die Hand drückt, murmelst du beherzt: „Wow, fühlt sich ... stark an". Er strahlt, als hätte er in dir seine Seelenverwandte gefunden.

Zur Krönung des Abends zeigt er dir die Abteilung für Dichtungsmittel und Silikon, wo er eine epische Rede darüber hält, dass das „richtige Dichtmaterial den Unterschied zwischen einem Amateur und einem Profi" macht. Er brilliert mit Fachwissen über Fugen, Schimmelresistenz und Dichtstoffe, und du nickst mit letzter Kraft, während du insgeheim den Fluchtweg aus dem Baumarkt suchst.

Schließlich, als ihr Richtung Ausgang schlendert und du im tiefsten Inneren deines Herzens auf ein normales Restaurant hoffst, meint er mit einem charmanten Lächeln: „Könnten wir vielleicht direkt zu mir? Ich brauche jemanden, der mir sagt, ob das Parkett im Flur wirklich zu den neuen Leisten passt."

Du lächelst schwach und denkst daran, wie du einst geglaubt hast, dass das Wort „Date" auf ein romantisches Dinner mit Kerzenschein hinweist und nicht auf einen Crashkurs in Renovierung, mit dem sogar die härtesten DIY-YouTube-Videos kaum mithalten können.

. . .

7. Das Date mit dem Comic-Fan

Da steht er – und zwar in voller Montur verkleidet als sein Lieblingssuperheld. Du blinzelst zweimal, denn vor dir steht ... Batman. Oder zumindest seine Version davon, mit etwas zu engen Leggings und einem Umhang, der ein wenig aussieht, als hätte er ihn bei seiner kleinen Schwester geliehen. „Sorry, ich kam direkt vom Comic-Con-Event“, erklärt er mit einer Miene, die klarstellt, dass er sich über deine Verwirrung sehr amüsiert. „Ich dachte, ich bleibe gleich im Kostüm. Und hey, ein wenig Superhelden-Flair schadet doch nie, oder?“

Wenig später sitzt ihr im Restaurant – du im kleinen Schwarzen, er im Cape. Die Leute am Nachbartisch starren, während er dir erklärt, warum Batman der einzige Superheld mit „wirklich authentischem Tiefgang“ ist. „Weißt du“, sagt er, während er sich an seine Maske fasst, „Batman hat keine Superkräfte, sondern nur seine Intelligenz und seinen Willen. Er steht für den echten Helden in uns allen!“ Du nickst anerkennend und er fährt fort mit seinen Ausführungen.

Das Gespräch dreht sich mittlerweile um die entscheidende Frage: „Wer würde in einem Kampf gewinnen – Batman oder Superman?“ Er funkelt dich erwartungsvoll an und du überlegst kurz und entscheidest dich für Superman, allein um zu sehen, wie er reagiert. Er schüttelt fassungslos den Kopf und nimmt einen tiefen Atemzug, als hätte er das Vertrauen in die Menschheit verloren. „Aber ... Superman ist viel zu perfekt! Batman ist real! Er hat Schwächen und Konflikte – er muss gewinnen!“ Du nickst langsam und murmelst etwas wie „Stimmt, total“, während er dir eine Liste von mindestens zehn Comic-Bänden aufschreibt, die du dringend lesen musst, um „das ganze Ausmaß von Batmans Tiefe“ zu verstehen.

Das Essen kommt, und er lässt den Löffel sinken, um dir von der „größten und tragischsten Liebesgeschichte“ aller Zeiten zu erzählen – jener von Batman und Catwoman. „Das ist einfach eine Liebe, die unmöglich ist, und doch kämpfen sie immer wieder füreinander. Es ist ... es ist einfach wundervoll!“ Du versuchst, dich in die Dramatik hineinzufühlen, während du die Beilagen isst, und fragst dich, ob dein Date jemals etwas von realen Beziehungen gehört hat. Aber bevor du näher nachfragen kannst, ist er schon bei der nächsten Geschichte angelangt: „Kennst du die Folge, in der der Joker versucht, Batman mit einem explodierenden Kuchen zu besiegen?" Du schüttelst den Kopf und versuchst, das Thema zu wechseln und ihm eine persönliche Frage zu stellen. Doch anstatt zu antworten, möchte er wissen: „Was ist dein Lieblingscomic-Universum?" Du stammelst etwas von „Marvel und DC", und das ist genau die falsche Antwort. Er grinst, fast mitleidig, und beginnt eine Rede über die Unterschiede zwischen den beiden zu halten, als hinge die Zukunft eurer Beziehung davon ab. „Marvel hat zwar die besseren Antihelden, aber DC hat einfach mehr Seele." Du nickst und sagst „Absolut", obwohl du insgeheim mehr an den Pudding auf der Dessertkarte denkst.

Zum Abschluss des Dates geht ihr spazieren, und er rückt seine Maske etwas zurecht, während er mit dir ein paar weitere seiner Comic-Kenntnisse teilt. Plötzlich bleibt er stehen und schaut dramatisch in die Ferne. „Weißt du, jeder von uns kann ein Held sein", sagt er leise und legt dir eine Hand auf die Schulter. „Wir alle tragen ein Cape – metaphorisch gesehen. Es geht darum, das Richtige zu tun, auch wenn niemand zusieht." Du schaust ihn an, gefangen zwischen Rührung und Lachkrampf.

8. Das Date mit dem selbsternannten Gourmet

„Dieses Restaurant", sagt der selbsternannte Gourmet mit einem leisen Seufzer der Ehrfurcht, „ist die offenbarte Kulinarik in Reinform. Diese Aromen – ich schmecke sie förmlich schon jetzt." Du lächelst und versuchst, ihm zu folgen, während du dich heimlich ein wenig dafür schämst, dass du eigentlich nur deinen Hunger stillen willst.

Kaum seid ihr am Tisch, nimmt er die Speisekarte mit einem konzentrierten Stirnrunzeln zur Hand, als würde er eine besonders knifflige

Prüfung absolvieren. „Die knusprig panierte Jakobsmuschel auf einem Bett aus jungem Babyspinat, begleitet von einer cremigen Safranreduktion …“, murmelt er, und du fragst dich, ob er überlegt, was er gerne essen möchte, oder gerade den Klappentext seines neuesten Romans verfasst. Er streicht mit dem Finger über die Auflistung der Gerichte, als ob er jedes einzeln segnen müsste. Schließlich entscheidet er sich und erklärt: „Ich nehme das Filet, aber nur, wenn es zart-mürbe auf einer federleichten Polenta-Wolke thront.“

Dann kommen die Vorspeisen, und mit ihnen eine endlose Serie von Adjektiven. Er nimmt einen Bissen seines Tartars und schließt die Augen. „Das ist eine symphonische Explosion der Geschmackssinne“, verkündet er andächtig. „Die Säure trifft auf eine tiefgründige, fast schüchterne Schärfe, die durch das Aroma der Kapern zu einer wahren Geschmackssinfonie verschmilzt.“ Du nickst höflich, während du deine Gabel mit Salat in den Mund schiebst und versuchst, das Erlebnis auf die gleiche Art zu beschreiben. „Knackig und … salzig“, bringst du hervor, woraufhin er dir einen traurigen Blick schenkt. „Knackig, ja“, sagt er nachdenklich, „aber auch ein Hauch von erdiger Frische, die von einem fast vegetabilen Touch begleitet wird.“ Du nickst abermals – wobei du insgeheim überlegst, ob „vegetabil“ überhaupt ein echtes Wort ist.

Als die Hauptspeise serviert wird, ist er bereit für den großen Auftritt. Er erhebt die Gabel mit der Eleganz eines Dirigenten. „Das ist nicht einfach nur ein Gericht“, flüstert er ehrfürchtig. „Das ist … ein Geschmackserlebnis. Das Aroma des Thymians, die karamellisierten Zwiebeln, diese fast poetische Balance zwischen Süße und Umami. Es ist, als würde ein Sommerregen sanft auf die Geschmacksknospen prasseln.“ Du versuchst, konzentriert zuzuhören, während er seine Gabel schwenkt und über „butterweiche Texturen“ und „pikante Nuancen mit herbem Nachhall“ philosophiert. Es ist ein wenig, als hättest du einen Privatkurs bei einem enthusiastischen Food-Kritiker gebucht.

Während du verzweifelt versuchst, dich mit deinen Kommentaren zurückzuhalten, zeigt er plötzlich auf dein Dessert. „Der Schokoladenfondant – eine schmelzende Hommage an die Sinnlichkeit des Kakaos“, erklärt er in einem Tonfall, als ginge es um das achte Weltwunder. Du nimmst einen Bissen und murmelst nur ein ehrliches „Lecker!“, was ihm einen Anflug von Entsetzen ins Gesicht zaubert. „Lecker? Das ist, wie wenn du sagen würdest, dass die Mona Lisa ein hübsches Bild ist! Dieses Dessert ist eine Ode an die Kakaobohne – cremig, üppig, von schokoladiger Tiefe durchzogen, als würde die ganze Schokoladenwelt im Inneren zusammenkommen.“ Du stimmst eifrig zu, unsicher, wie viel mehr er noch aus der Bohne herauszuholen plant.

Am Ende des Abends betrachtet er dich mit einem kleinen Lächeln. „Das war ein Fest für die Sinne“, sagt er leise und reicht dir seine Hand, als hättet ihr zusammen eine spirituelle Reise durch das Land der Aromen unternommen. Du fragst dich, wie viele Wörter eigentlich nötig sind, um eine Suppe zu beschreiben. Aber eins ist sicher: Falls du jemals wieder das Wort „lecker“ benutzen willst, wirst du dich unweigerlich an diesen Abend der Geschmackssinfonien erinnern.

9. Das Date mit dem Lebenskünstler

Schon der erste Satz des Lebenskünstlers ist kein gewöhnliches „Hallo“, sondern etwas wie: „Es ist schön, dass unsere Energien heute Abend den gleichen Raum teilen dürfen.“ Du bleibst höflich und versuchst, nicht allzu verdutzt zu wirken, während er deinen Blick intensiv hält, als würde er gerade versuchen, deine Aura zu lesen.

Kaum habt ihr Platz genommen, beginnt er von seiner „Reise ins Innere“ zu erzählen, die er letzte Woche unternommen hat. „Es war ein meditativer Roadtrip ins Nirgendwo“, sagt er, während er sanft über eine kleine Kristallkette um seinen Hals streicht. „Ohne Ziel, nur das Hier und Jetzt, das mich führte.“ Du bist sprachlos und lässt du dich von seinem Monolog über das Gefühl von Freiheit und die Bedeutung der kosmischen Energie berieseln.

Plötzlich greift er in seinen Rucksack und zieht eine Ukulele hervor. „Ich habe dieses Lied für dich geschrieben“, sagt er und beginnt, mitten im Restaurant sanft darauf herumzuklimpern. Die anderen Gäste starren, aber das stört ihn nicht – für ihn ist das alles Teil des Moments. Er schließt die Augen, singt von „funkelnden Seelen“ und „Monden, die im Wasser tanzen“, und du lauschst tapfer seiner Performance. Ob er das wohl für jede Frau auf seinen „Seelenpfaden“ macht?

Da er, wie er detailliert ausführt, seit neuestem „nur in Verbindung mit der Natur“ isst, bestellt er eine vegetarische Bowl, bestehend aus Zutaten, die „aus der Erde“ stammen. Du hättest gerne gewusst, ob er das wörtlich meint oder ob es nur poetisch klingen soll. Kaum hat er den ersten Bissen genommen, schließt er die Augen und verkündet: „Diese Aromen ... ich kann die Wurzeln spüren.“ Du versuchst es auch mit einem Bissen und stellst fest, dass das nur ein leicht gewürzter Quinoa-Salat ist, aber offenbar besitzt dein Date die seltene Fähigkeit, Geschmack in eine Philosophie zu verwandeln.

Zwischen zwei Bissen sinniert er über das Leben. „Weißt du“, sagt er und sieht dir wieder tief in die Augen, „das Leben ist wie ein Fluss. Wir schwimmen darin, manche mit der Strömung, manche gegen sie, aber am Ende – am Ende sind wir alle nur Tropfen im großen Ozean.“ Du überlegst, wie du auf diese Analogie adäquat reagieren kannst und murmelst „Ja, total!“.

Nach dem Essen schnappt er sich seine Ukulele und schlägt vor, „den Moment zu ehren“ – was offenbar bedeutet, euch im Park um die Ecke eine Weile schweigend auf eine Bank zu setzen. Er schließt die Augen, um zu meditieren. Du beobachtest ein paar Enten am Teich und wartest, dass auch du von dieser „kosmischen Verbindung“ erfasst wirst, während er sanft und rhythmisch atmet.

Zum Abschluss des Abends hält er deine Hand und sagt: „Es war ein Geschenk, diesen Abend mit dir zu erleben." Er legt dir einen kleinen Kristall in die Hand und wünscht dir alles Gute für deine „spirituelle Reise" und „positive Energien für das Herzchakra".

10. Das Date mit dem „Freigeist"

Da sitzt er – der Typ, für den Arbeit so etwas ist wie eine mittelalterliche Foltermethode. Kaum hast du „Hallo" gesagt, seufzt er schon tief und sagt: „Ich weiß nicht, wie Menschen das machen. Jeden Tag arbeiten, als ob es nichts anderes gäbe. Arbeit ist echt nicht meins." Du überlegst, ob es irgendjemanden gibt, der wirklich behaupten würde, dass Arbeit das Beste auf der Welt ist. Doch ehe du zu einer Antwort kommst, verwickelt er dich in eine Grundsatzdiskussion über die „Sinnlosigkeit von 9-to-5-Jobs" und die „Utopie des reinen Chillens".

Er lehnt sich zurück und erklärt dir mit ernster Miene, dass er „sich nicht einfach in das Hamsterrad der Gesellschaft pressen lassen will". Stattdessen träumt er von einem „freien Dasein", das er bereits mehr oder weniger lebt – auf dem Sofa seiner Eltern. „Das ist nämlich viel vernünftiger", sagt er. „Warum sich eine eigene Wohnung suchen, wenn es im Elternhaus noch Platz gibt?" Er erzählt dir, wie seine Mutter täglich kocht und sicherstellt, dass die Familie auch sonst rundum versorgt ist – Wäscheservice inklusive.

Beim Gespräch über deine Arbeit lehnt er sich entspannt zurück und schüttelt nur lächelnd den Kopf. „Echt beeindruckend, dass du das durchziehst", sagt er, „aber das ist wirklich nicht mein Ding. Ich sehe es eher als meine Berufung, das Leben einfach zu genießen." Du fragst ihn, was genau er unter „Genießen" versteht, und er erklärt prompt, dass er „einen echten Rhythmus" für Serien-Binge-Watching entwickelt hat. „Montags bis mittwochs Serien, donnerstags dann Dokus – für den Geist, verstehst du – und freitags ist Trash-TV-

Nacht.“ Er lächelt stolz, als hätte er gerade die Wochenplanung für ein kleines Unternehmen vorgelegt.

„Arbeit ist für Leute, die keine Fantasie haben“, doziert er weiter und zitiert dann irgendeinen Philosophen, dessen Namen er nicht ganz aussprechen kann. „Wenn du einfach chillst und dem Universum vertraust, passieren dir die tollsten Dinge“, behauptet er und wirft dir einen verschwörerischen Blick zu.

Zum Dessert bietet er dir an, dir seine liebsten wissenschaftlichen Artikel über „Die Bedeutung der Pause für die menschliche Psyche“ zu schicken. „Ist wichtig“, erklärt er, „man muss das Nichtstun auch verstehen.“ Du nickst und überlegst, ob der Artikel dir irgendwann helfen könnte – vermutlich beim Einschlafen.

Später gesteht er dir, dass er „gerade an einer Geschäftsidee arbeitet“. Du wirst hellhörig, bis er dir mit ernster Miene erklärt: „Ich überlege, einen Instagram-Account zu starten – ‘Lifestyle ohne Arbeit’. Da würde ich dann zeigen, wie man die beste Couch für Binge-Watching findet und welche Snacks die perfekten Begleiter sind.“

Er sieht dich erwartungsvoll an, als würde er einen Investor suchen und du fragst dich, ob er wohl auch noch aus der Flasche trinken würde, wenn so eine Geschäftsidee eines Tages Erfolg hätte.

Als der Kellner kommt, schaut er dich erwartungsvoll an, und es dauert ein paar Sekunden, bis du verstanden hast, dass er tatsächlich erwartet, dass du – bezahlst. „Ich habe nämlich mein Portemonnaie vergessen“, setzt er nach, als du noch immer keine Anstalten machst, deine Kreditkarte zu zücken. Und sein Grinsen verrät, dass dies nicht das erste Mal ist. „Aber wir können ja nächstes Mal einfach zu mir gehen – meine Eltern machen dann Lasagne“, fügt er versöhnlich hinzu.

Dann verabschiedest du dich schnell und gehst heim mit dem Wissen, dass er wahrscheinlich nie einen schlechten Tag bei der Arbeit haben wird. Denn das einzige „Hamsterrad“, das er kennt, ist die nächste Netflix-Playlist.

. . .

11. Das Date mit dem Arbeitssuchenden

Du konntest dich verbessern und bist diesmal auf einem Date mit jemandem, der zumindest auf der Suche nach Arbeit ist. Zwar hatte sein Profil nichts davon verraten, dass er regelmäßiger Kunde beim Arbeitsamt ist, sondern ihn verheißungsvoll als Student der Germanistik, Soziologie, Philosophie und Ethnologie ausgewiesen.

Gleich nach der Begrüßung fängt er an, dir von seinem neuesten „Karriereplan" zu erzählen. „Also, es gibt da diese Möglichkeit", sagt er geheimnisvoll, „aber ich warte noch auf Rückruf. Es könnte heute noch etwas werden, wer weiß!" Du lehnst dich ein wenig vor und gibst dich interessiert. „Ich habe in einer Woche ein Bewerbungsgespräch – bei einem echt coolen Unternehmen! Die machen ... ähm ... irgendwas mit Finanzen. Oder vielleicht auch Technologie. Ist noch nicht ganz klar." Du antwortest mit einem kurzen „Aha" und denkst dir, dass die genaue Jobbeschreibung wohl das kleinste Problem ist, wenn man erst mal die Zusage in der Tasche hat ...

Nachdem er ein Glas Wasser bestellt hat – „muss sparsam sein, bis das Gehalt am Konto ist" – erzählt er dir ein wenig mehr über sich. „Weißt du", sagt er, „ich könnte wirklich alles machen! Ich könnte in die Filmindustrie gehen, vielleicht als Regisseur oder Cutter. Oder, wenn es sein muss, auch was mit Softwareentwicklung. Ich meine, ich habe das zwar noch nie versucht, aber wie schwer kann es schon sein?" Er grinst breit, und du bewunderst dieses grenzenlose Selbstbewusstsein.

Zwischen zwei Bissen Brot fragt er dich nach deinem Job, lauscht gespannt und nickt immer wieder anerkennend. „Interessant, ja. Wäre bestimmt auch was für mich", murmelt er, während er nachdenklich in die Ferne starrt. „Sag mal, braucht ihr zufällig jemanden? Ich kann alles lernen." Er lächelt und zieht einen Stift hervor, bereit, deinen Chef direkt anzurufen, falls dieser Bedarf an spontaner Verstärkung hat.

Dann geht es weiter mit Erzählungen über seine bisherigen Vorstellungsgespräche. „Das letzte war ein echter Reinfall“, sagt er kopfschüttelnd. „Der Chef hat mich gefragt, warum ich diesen Job will, und ich antwortete: Ist doch klar, wegen der Bezahlung! Wozu sollte ich sonst arbeiten gehen? Die haben einfach nicht kapiert, worum es wirklich geht.“

Dann lenkt er das Gespräch auf „alternative Einnahmequellen“. „Ich überlege ja, ob ich nicht einfach eine Weile freiberuflich arbeite“, erklärt er, „dann könnte ich mir meine Zeit selbst einteilen. Ich meine, wie schwierig kann das sein? Ein paar YouTube-Tutorials über Investments, und ich bin mein eigener Boss.“ Du unterdrückst ein Lachen.

Unbeirrt fährt er fort, dass er „gerade an einer Geschäftsidee“ arbeitet. „Also, ich weiß noch nicht genau, was es wird“, murmelt er versonnen, „aber es wird groß. Irgendwas mit Apps und KI vielleicht? Da ist viel Potenzial drin.“ Er schaut dich ernst an und fragt dann: „Meinst du, ich sollte einen Businessplan schreiben, oder reicht es, wenn ich es einfach ... fühle?“ Er seufzt dramatisch, so als fürchtete er, dass die Welt einfach noch nicht bereit sein könnte für seine genialen Ideen. Nachdem er dir noch versichert, dass es „nur eine Frage der Zeit ist, bis er auf der Karriereleiter ganz oben angelangt ist“, suchst du schnell das Weite.

Frauenbekanntschaften

Genauso vielfältig wie die Männerwelt, so bunt und überraschend kann beim Dating auch jene der Frauen sein. Hier ein Blick auf die verschiedenen Typen von Frauen, denen man(n) auf der romantischen Bühne begegnen könnte.

1. Das Date mit dem Model

Da sitzt du also im elegantesten Restaurant der Stadt. Kerzen flackern romantisch, und die Frage drängt sich auf, ob dein Sparkonto dieses Abenteuer überleben wird. Gegenüber sitzt sie – das Model. Eine Erscheinung so atemberaubend, dass selbst die Serviette neben ihrem Teller eingeschüchtert wirkt. Als sie einen Salat bestellt, und zwar nicht irgendeinen Salat, sondern den „Garten Eden", wie der Kellner ihn anpreist, beschließt du, einen mutigen Versuch zu wagen und es ihr gleichzutun. Schließlich willst du neben ihr nicht wie ein gefräßiger Bär wirken. Also knabberst auch du an deinen Blättern und versuchst, dabei nicht allzu verzweifelt auszusehen.

Das Gespräch dreht sich hauptsächlich um die Nachhaltigkeit in der Modeindustrie und die neuesten Fashion-Trends, Themen, bei denen du verständnisvoll nickst und Zustimmung simulierst. Innerlich lachst du jedoch über den letzten Witz, den dir dein Kumpel gestern erzählt hat. Dann kommt der Moment, auf den ihr Magen offenbar den ganzen Abend gewartet hat – die Cocktailrunde. „Ein kleiner Salat, dann ein Cocktail an der Bar und vielleicht noch einer", erklärt sie lächelnd und scheint das als ihr System für einen Kalorienausgleich zu sehen.

Du schaust ihr fasziniert und leicht amüsiert zu, wie sie sich von einer strengen Salatesserin in eine Cocktail-Connaisseuse verwandelt. Alle Getränke, und es werden im Laufe des Abends noch richtig viele, werden von ihr sorgfältig ausgewählt.

Das Date endet mit einer Rechnung, die aussieht, als hättest du ein mittelgroßes Auto geleast, und einer Verabschiedung, die Hoffnung auf ein nächstes Mal macht. Vielleicht trefft ihr euch dann gleich in einer Cocktailbar – Salat optional.

2. Das Date mit der ewigen Optimistin

Vor dir die ewige Optimistin. Schon nach den ersten zehn Minuten ist klar: Dieses Date wird ein echter Crashkurs in Positivität. Du haust ein paar deiner besten Witze raus, die sie sicher schon kennt, denn schließlich waren es ja deine „bewährten Klassiker". Doch statt eines müden Lächelns prustet sie los.

Dann fängt es draußen an zu regnen. Und zwar richtig. Du denkst dir: „Okay, das war's. Sie will bestimmt abhauen." Doch nein. Sie wirft einen Blick aus dem Fenster, als hätte sie soeben die Schönheit des Regens neu entdeckt, und sagt: „Ohhh, Regen! Wie romantisch!" Romantisch? Bevor du dich versiehst, zieht sie dich nach draußen – ohne Schirm, versteht sich – und dreht sich unter den Tropfen, als wäre sie in einem Musikvideo. Während du damit beschäftigt bist, Wasser aus deinem Gesicht zu wischen, sagt sie mit einem Lächeln, das jeden Sonnenstrahl übertrifft: „Ach, so eine Abkühlung tut doch einfach gut!"

Mit triefenden Haaren und Klamotten versuchst du, ihr das Konzept von „Unangenehm nass sein" zu erklären. Aber sie sieht das anders. Sie schüttelt sich das Wasser ab wie ein glücklicher Hund und ruft aus: „Schau mal, das Leben ist doch wunderbar! Wer braucht schon Sonnenschein, wenn wir diesen Moment haben?" Diesen Moment … du musst dir das Grinsen verkneifen, weil sie es wirklich ernst meint.

Ihr flüchtet zurück ins Café, wo sie dir mit leuchtenden Augen erzählt, wie jeder Regensturm ein „Geschenk der Natur" ist. Und du fragst dich: „Meint sie das wirklich ernst?" Ja, das tut sie. Denn während du versuchst, dich mit der Papierserviette abzutrocknen, wirkt sie entspannt und glücklich.

Essen bestellt sie übrigens auch nach dem Prinzip „Alles ist gut". Sie inspiziert die Karte und sagt mit einem fröhlichen Augenrollen: „Ach, ich nehme einfach das, was der Koch mir zubereiten will!"

Das Date endet mit einem strahlenden Lächeln und einem High-Five ihrerseits, weil sie fest überzeugt ist, dass ein Handshake viel zu unromantisch wäre. Am nächsten Tag schickt sie dir ein Foto von einem Regenschirm mit dem Kommentar: „Falls wir beim nächsten Date noch mehr Wasser abbekommen ...

Eines weißt du jetzt: Sonnenschein ist überbewertet. Mit einer Optimistin brauchst du den nämlich gar nicht.

3. Das Date mit der Fitness-Göttin

Da ist sie also – die Fitness-Göttin. Schon beim ersten Date wird dir klar: Das ist ein Fitnesstest. Sie plant eine Wanderung, und du denkst naiv: Ach, das klingt doch nett. Ein bisschen spazieren, ein bisschen quatschen. Aber der vermeintliche Spaziergang bedeutet für sie Höhenmeter, Schwierigkeitsgrade und eine kleine persönliche Challenge.

Kaum seid ihr pünktlich um fünf Uhr morgens losgegangen, stellst du fest: Sie bewegt sich wie eine Bergziege auf Koffein. Du hingegen fühlst dich eher wie ein Tourist, der das falsche Ticket gekauft hat. Die ersten Minuten versuchst du, entspannt zu wirken, aber deine Lunge schreit schon nach einer Pause. Du stellst fest, dass sie den Berg so locker hochhüpft, als hätte jemand eine unsichtbare Rolltreppe unter ihre Füße montiert. Und während du keuchst, dreht sie sich lächelnd zu dir um und fragt fröhlich: „Alles gut bei dir?" Klar, alles bestens.

Nach der ersten steilen Strecke bleibt sie stehen, und für einen kurzen Moment denkst du, endlich, eine Pause. Doch nein, sie legt die Hände auf den Boden und beginnt mit Liegestützen. „Willst du mitmachen?", fragt sie unschuldig, als wäre es völlig normal, in der

Mitte eines Berghangs ein Mini-Workout einzulegen. Du versuchst dich an einem Liegestütz, kommst mit Mühe runter und beinahe nicht mehr hoch, während sie ihr Programm durchzieht, als wäre sie eine Maschine.

Als sie fertig ist, fragt sie: „War doch einfach, oder?" Natürlich nickst du tapfer, auch wenn du das Gefühl hast, dass deine Arme gleich abfallen. Sie lächelt dich ermutigend an und ruft fröhlich: „Komm, wir sind schon fast am Gipfel!" Fast am Gipfel – ein Satz, der sich anfühlt wie die Nachricht vom Zahnarzt, dass die Wurzelbehandlung „nur noch zwei Stunden" dauert.

Du weißt nicht wie, aber endlich habt ihr den Gipfel tatsächlich erreicht. Da fällt dir erst mal auf, dass es dort oben keine einzige Sitzgelegenheit gibt. Kein Café, keine Bank, nicht mal ein Baumstumpf. Nur Steine und die Aussicht. Während du diskret versuchst, etwas Luft zu schnappen, strahlt sie über beide Ohren. „Ist das nicht fantastisch?", flötet sie, während du dich fragst, ob man sie dafür vergöttern oder verhaften sollte.

Die Krönung? Das Frühstück. Sie öffnet ihren Rucksack und holt eine kleine Dose mit – du hast es fast befürchtet – Reiskuchen hervor. Du hast insgeheim auf Sandwiches gehofft, vielleicht ein wenig Schokolade, aber nein, hier wird nur reiner Sauerstoff und Reiskuchen serviert. „Energie pur!", verkündet sie begeistert, während du dein Bestes gibst, den Geschmack der „Reiswaffel natur" als „besonders authentisch" wahrzunehmen.

Beim Abstieg redet sie von ihrem nächsten Lauf, einem Marathon oder, ach, doch dem Ultramarathon vielleicht – schließlich sind die 42 Kilometer ja eigentlich eine Anfängerstrecke. Dein ganzer Körper schreit innerlich nach Couch und Steak, aber du nickst tapfer und murmelst so etwas wie „Ja, klingt spannend, Ultramarathon."

So endet das Date mit einem Muskelkater, den du am nächsten Tag in Muskeln spürst, von denen du nicht mal wusstest, dass du sie hast.

Aber die Fitness-Göttin hat einen bleibenden Eindruck hinterlassen – und das Gefühl, dass du vielleicht doch noch ein paar Sit-ups mehr in deinem Leben gebrauchen könntest. Beim nächsten Date wirst aber sicherheitshalber du ein Restaurant vorschlagen, wo die einzige Höhenmeter-Challenge der Barhocker ist.

4. Das Date mit der Karrierefrau

Was dich erwartet? Ein Business-Meeting der besonderen Art. Dir gegenüber – die Karrierefrau. Die Frau, die schon um sechs Uhr morgens aufsteht, um den Tag zu erobern, während du noch in seligen Träumen weilst. Schon die Begrüßung läuft wie ein Bewerbungsgespräch ab: Fester Händedruck, direkter Blickkontakt, und für einen Moment fragst du dich, ob sie gleich deinen Lebenslauf sehen möchte.

Sie bestellt im klassischen „Chefinnen-Modus": „Ich nehme den gegrillten Lachs mit Wildkräutersalat, Dressing on the side." Während du noch überlegst, worauf du überhaupt Lust hast, nickt sie schon dem Kellner zu und wirft dabei einen Blick auf die Uhr – als könnte jede zusätzliche Minute auf die Performance-Statistik des Abends drücken.

Schon bald wird klar: Dieses Date ist kein lockerer Abend im Restaurant. Nein, es ist eher ein strategisches Meeting mit klaren Zielvorgaben und KPIs (Key Performance Indicators). Sie erzählt dir voller Begeisterung von ihrem aktuellen Projekt und wie sie dem CEO in einem knallharten Meeting einen „brillanten Lösungsansatz" präsentiert hat. Du nickst beeindruckt, auch wenn du dich insgeheim fragst, um welch „brillanten Lösungsansatz" es sich dabei wohl gehandelt haben kann und ob sie immer so spricht. Sie könnte dir erzählen, dass sie morgens Joghurt isst, und es würde klingen wie der Pitch für ein innovatives Gesundheits-Start-up. Dabei schiebst du nervös deine Schultern gerade und versuchst zu wirken, als hättest du in den letzten Jahren irgendetwas erreicht.

Und während sie von ihrem „Fünf-Jahres-Plan“ spricht, der erstaunlicherweise nicht nur ihre Karriere, sondern auch ihre Freizeitaktivitäten und Sozialkontakte umfasst, stellst du fest: Für sie ist Planen nicht nur ein Hobby, sondern eine Lebenseinstellung. Sie erklärt dir, wie wichtig es ist, jede Stunde des Tages sinnvoll zu nutzen, während du gerade überlegst, wie man Zeit für Chillen in einen Fünf-Jahres-Plan integrieren könnte.

Sie entscheidet sich, auf das Dessert zu verzichten, schließlich wartet morgen eine wichtige Präsentation auf sie. In einem Anflug von sportlicher Solidarität entschließt auch du dich, den Cheese Cake auszulassen. In der Zwischenzeit checkt sie schnell ihre Mails. „Musst du wirklich auf dem Laufenden bleiben?“, fragst du vorsichtig, worauf sie kurz hochblickt und lächelt: „Du weißt, wie das ist – ich kann nicht riskieren, dass mir etwas entgeht.“ Sicher, und das, während du dir Sorgen machst, ob du es morgen rechtzeitig nach der Arbeit zur Geburtstagsfeier deines besten Freundes schaffst.

Die Karrierefrau lacht natürlich herzlich über deine Anekdoten, aber du spürst: Jeder Witz ist eine Gelegenheit zur Effizienzsteigerung. Sie antwortet schlagfertig, ihr Timing ist perfekt – so, als hätte sie auch das insgeheim durchgeplant. Deine Anmerkung über das Urlaubsland Italien führt prompt zu einer Erklärung über die besten Netzwerkevents in Mailand und wie sie das letzte Mal auf einer Konferenz „ganz zufällig“ den CEO einer großen Firma getroffen hat. Spätestens jetzt fragst du dich, ob ihr Arbeitsmodus überhaupt einen „Aus-Schalter“ hat.

Während des Gesprächs erfährst du außerdem von ihren diversen Mitgliedschaften in exklusiven Clubs. „Das sind super Netzwerke“, sagt sie mit einem Funkeln in den Augen, das du eher aus Gehaltsverhandlungen kennst. Du nickst und wirfst etwas hilflos ein: „Ich bin im Bowlingclub ...“ Sie hebt kurz eine Augenbraue, bevor sie lächelnd ansetzt: „Oh, Bowling! Auch eine großartige Disziplin.“ Respekt. Nicht mal ein leichtes Augenzwinkern. Business bleibt Business.

Das Date endet mit einem kurzen Handschlag und dem Angebot, beim nächsten Mal gemeinsam einen „aktiven Wochenend-Workshop“ zu besuchen. Du stammelst etwas wie „Ja, klar“, aber als sie dir grinsend erklärt, dass dieser Workshop um „sechs startet“ – und damit sechs Uhr morgens meint – und bis zwanzig Uhr dauert – beginnst du, dir still einen Plan B zurechtzulegen.

5. Das Date mit der Träumerin

Du hast gerade „Hallo“ gesagt, und die Träumerin sieht dir schon tief in die Augen, als würde sie eure Seelen bis in frühere Leben zurückverfolgen. „Was ist dein Sternzeichen?“, fragt sie und greift nach deiner Hand. Du bringst ein verhaltenes „Ähm, Waage?“ hervor, und sofort leuchten ihre Augen. „Ohhh, Waage! Diese harmonische Balance! Das erklärt, warum unsere Auren so gut harmonieren!“ Du nickst, leicht verwirrt, aber auch neugierig. Keine Ahnung, wie deine Aura gerade wirkt, aber immerhin ist es ein vielversprechender Start.

Der Kellner kommt und nimmt die Bestellung auf, aber sie scheint ihn gar nicht zu bemerken – du hast das Gefühl, sie hat die Existenz der Welt um euch herum vollkommen ausgeblendet. Es gibt nur sie, dich und die Sterne, die über eurem Tisch zu funkeln scheinen. Während du überlegst, ob du bei den Nudeln mit extra Knoblauch zuschlagen solltest, erklärt sie dir, dass Knoblauch die Aura „etwas trübt“. Du bestellst vorsichtshalber den Salat.

Kaum ist der Kellner weg, kommt sie auf ihr Lieblingsthema zurück: das Universum. Sie sieht dich mit einem Blick an, der irgendwo zwischen hypnotisch und leicht erschreckt liegt, und sagt: „Hast du das Gefühl, dass wir uns vielleicht schon mal in einem früheren Leben begegnet sind?“ Du verstehst nicht ganz, was sie meint, und antwortest etwas wie: „Klar, bestimmt in Ägypten oder so.“ Sie lacht leise und nickt: „Das wäre möglich. Vielleicht waren wir damals Sterngucker auf einem Pharaonenhof.“

Zwischendurch wirft sie kurze Blicke nach oben und erzählt von „Merkur im Retrograd“, was du aus irgendeinem Grund sofort für eine neue Fitnessübung hältst, und dass der „Vollmond gerade im Steinbock steht“. Du fragst dich, was das mit deinen Workout-Plänen für nächste Woche zu tun haben könnte, nickst aber aufmerksam, während sie tiefschürfend erklärt, dass die Planeten alle mit eurem heutigen Treffen in Einklang stehen. Spätestens jetzt ist dir klar: Für sie ist dieses Date kein Zufall. Das Universum selbst hat seine Finger im Spiel, und die Sterne beobachten euch dabei wahrscheinlich in einer himmlischen Live-Show.

Zwischen euren Gesprächen über die Sterne, vergangene Leben und deine „kosmischen Chakren“ (du hast bis heute nicht herausgefunden, was das genau ist), merkst du, dass sie wie hypnotisiert auf das Kerzenlicht auf dem Tisch starrt. „Siehst du das Flackern? Die Kerze spricht mit uns.“ Kurz fragst du dich, ob die Kerze dir vielleicht zuflüstern könnte, wie du dieses Gespräch überlebst, aber sie schaut so verzückt, dass du einfach zustimmst. „Ja ... irgendwie magisch“, murmelst du.

Langsam wird die Konversation für dich zur Herausforderung, zwischen all den „universellen Schwingungen“ und dem „siebten Sinn“, den sie gerade erwähnt. Gerade, als du glaubst, du hast jetzt selbst mindestens zwei Chakren aktiviert, kommt der Kellner mit der Rechnung. „Ach, Geld ist doch nur Energie“, lächelt sie und nickt in seine Richtung. Klar, denkst du, und reichst dem Kellner dein physisch durchaus vorhandenes Bargeld – nur um die „energetische Harmonie“ zu sichern.

Ihr verlasst das Restaurant, und draußen bleibt sie abrupt stehen, blickt in den Himmel und flüstert: „Der Mond strahlt nur für uns heute Nacht.“ Du blinzelst und merkst, dass der Mond, wenn überhaupt, nur schwach hinter ein paar Wolken versteckt, sichtbar ist, aber ihre Begeisterung ist so ansteckend, dass du fast selbst beginnst, darin irgendwas Mystisches zu sehen.

Das Date endet schließlich mit einer langen Umarmung und ihrem Versprechen, dir später noch ein paar Links zur „kosmischen Energie“ und zu deinem Aszendenten zu schicken. Du gehst nach Hause – etwas verwirrt, aber auch irgendwie angekommen im Universum ihrer Gedankenwelt.

6. Das Date mit der Partykönigin

Es ist Mitternacht. Du stehst vor dem Club und fragst dich, ob das wirklich eine gute Idee war. Die Antwort bekommst du sofort, als sie auftaucht, die Partykönigin. In einem Outfit, das leuchtet wie eine Diskokugel, und einem Grinsen, das sagt: „Heute wird nicht geschlafen. Freue dich auf den Marathon durch die Nacht.“ Noch bevor du Hallo sagen kannst, zieht sie dich in den Club, als wäre das hier ihr Königreich und die DJ-Kanzel ihr Thron. Kaum seid ihr drin, ruft sie laut „Haaallllooo“ quer durch den Raum, und du merkst sofort: Sie kennt hier wirklich jeden. Kellner, Türsteher, Diskjockey. „Das ist Manni, der DJ“, brüllt sie dir ins Ohr. Manni nickt nur cool und spielt prompt ihren Wunsch-Song, während sie schon deine Hand greift und dich auf die Tanzfläche zieht. Dort ist der Bass so laut, dass du sicher bist, dass du diesen Ort nur mit einem schweren Hörschaden verlassen wirst.

Du versuchst, im Rhythmus mitzuhalten, aber sie tanzt wie eine Maschine nonstop, mit Energie, die direkt aus dem Herzen der Musik zu kommen scheint. Während du schon überlegst, wie du morgen früh den Weg zur Arbeit schaffen wirst, schaut sie dich an und ruft begeistert: „Das ist erst der Anfang!“ Für sie scheint es das Vorspiel zu einem gigantischen Partyepos zu sein.

Nach zwei Stunden hast du es irgendwie geschafft, dich zum Rand der Tanzfläche zu schleppen, um Luft zu holen. Doch keine Chance – sie entdeckt dich sofort und kommt blitzschnell angeflitzt: „Du kannst nicht jetzt schon Pause machen, das hier ist DER Track!“ Keine Ahnung, was diesen Track von den letzten hundert unterscheidet, aber du weißt, wenn du jetzt schwächelst, wirst du auf ihrer Partytauglichkeitsliste vermutlich neben „Opa Werner“ eingeordnet.

Schließlich, gegen drei Uhr morgens, als in dir der Wunsch nach einem Sauerstoffzelt reift, entscheidet sie: „Weiter geht's – der nächste Club wartet!“ Der nächste Club? Du dachtest, das hier wäre es gewesen. Aber nein.

Sie nimmt dich mit in den „Private Club“ im Keller eines Gebäudes am anderen Ende der Stadt, wo sie natürlich wieder die halbe Belegschaft kennt und sofort die VIP-Armbändchen für euch beide organisiert. Kaum drin tanzt sie weiter, als hätte sie eine eingebaute Batterie, während du versuchst, irgendwie bei Bewusstsein zu bleiben.

Schließlich, gegen fünf Uhr morgens, in einem Moment von großer Barmherzigkeit, dreht sie sich zu dir um und sagt: „Okay, vielleicht ist es Zeit für den After-After-Club.“ Du nickst nur benommen und folgst ihr. Wo sie dich hinführt? Zur Dönerbude. Der letzte Anker der Nacht, der letzte Halt, wo die Partykönigin und der müde Krieger sich noch einmal mit einem Kebab stärken können.

Ihr steht an der Theke, und du versuchst, in die Realität zurückzufinden, während sie dir begeistert von all den Partys erzählt, die euch noch bevorstehen. „Das nächste Mal geht's direkt in den Rave-Bunker“, verkündet sie, während du den letzten Bissen Döner kaust und überlegst, ob es nach dieser Nacht überhaupt ein „nächstes Mal“ für dich gibt. Mit der Partykönigin hast du den Party-Marathon deines Lebens überlebt – und vielleicht auch deine sportlichen Grenzen neu definiert.

Der Morgen dämmert, und sie winkt zum Abschied. Du taumelst Richtung Sonnenaufgang, müde, aber auch ein wenig stolz. Vielleicht hast du keinen Rekord aufgestellt, aber du hast zumindest durchgehalten.

. . .

7. Das Date mit der Buchliebhaberin

Ein literarisches Abenteuer der besonderen Art steht dir bevor. In einer kleinen, staubigen Buchhandlung wartet die Buchliebhaberin bereits auf dich. Sie hält eine alte Erstausgabe in der Hand und lächelt dir entgegen, als wärst du der Hauptcharakter in ihrem nächsten Roman. „Wie schön, dich zu sehen", sagt sie, und es klingt wie die Einleitung zu einem Gedicht. Schon in diesem Moment weißt du: Das hier wird ein literarischer Rundumschlag.

Sie legt das Buch zur Seite, blickt dich an und sagt: „Lass uns über die symbolische Bedeutung des Transzendenten in der modernen Literatur reden." Du nickst leicht panisch und fragst dich, was „transzendent" überhaupt genau bedeutet. Aber sie scheint das nicht zu merken. Stattdessen beginnt sie begeistert über die metaphorische Schönheit von Wörtern zu schwärmen, während du still hoffst, dass deine dürftigen literarischen Kenntnisse weiterhin unentdeckt bleiben.

Ihr wandert durch die Regale, und sie zeigt dir mit funkelnden Augen die verschiedensten Bücher, von denen du vielleicht gerade mal einen Bruchteil des Titels kennst. „Das ist Dostojewski – ein Meister der existenziellen Verzweiflung", flüstert sie ehrfürchtig und drückt dir einen Wälzer in die Hand, der so schwer ist, dass du für einen Moment das Gefühl hast, du stemmst Hanteln. Du hältst das Buch fest und nickst, als wäre genau dieses in deiner Amazon-Wunschliste, und sie lächelt zufrieden, als hätte sie dich gerade zu einem besseren Menschen gemacht.

Dann zitiert sie Shakespeare, mit einem ernsten Blick, als wäre das Leben eine Bühne und du ihr persönlicher Romeo, der gerade dabei ist, einem epischen Missverständnis über die symbolische Bedeutung des Lebens zum Opfer zu fallen. „Schau mal", sagt sie und legt dir eine kleine Gedichtsammlung in die Hand, „das hier ist von Rilke. Seine Worte berühren die Seele, findest du nicht?"

Du blätterst hektisch und versuchst zu verstehen, ob „Seele" eine Art poetisches Synonym für „Überforderung" ist, während klar wird, dass du dich eigentlich bei Büchern mit vielen Bildern wesentlich wohler fühlst.

Die Buchliebhaberin lächelt und stellt fest: „Weißt du, die meisten Menschen verstehen die tiefe, transzendentale Symbolik der modernen Poesie nicht mehr." Du stimmst zu, obwohl du eigentlich nur noch den Drang verspürst, vorsichtig das Weite zu suchen. Doch bevor du fliehen kannst, reicht sie dir bereits die nächste Empfehlung: „Hier, du musst unbedingt ‚Krieg und Frieden' lesen! Das hat meine Sicht auf das Leben vollkommen verändert." Du nickst, wobei du dir vorstellst, wie lange du für diesen 1300-Seiten-Schmöker brauchen würdest – vermutlich bis zur Rente.

Schließlich zieht sie ein kleines Notizbuch aus der Tasche und beginnt, dir eine Liste mit Leseempfehlungen zusammenzustellen, während du versuchst zu verbergen, dass du innerlich bereits leise weinst. „Diese Bücher werden dir einen ganz neuen Horizont erschließen", sagt sie und notiert Titel wie „Das Sein und das Nichts" oder „Die Leiden des jungen Werther". Du stehst daneben und denkst an deinen Stapel ungelesener Krimis, der irgendwo zu Hause liegt, und an die Comics, die du in deiner Jugend verschlungen hast und versuchst, tapfer zu lächeln.

Das Date endet schließlich mit ihrer Verabschiedung in Form eines Zitates, das vermutlich Goethe höchstpersönlich in einer Vision verfasst hat. Sie drückt dir die Leseliste, die sie „für dich persönlich zusammengestellt" hat, in die Hand und du siehst darauf genug Titel, um das nächste Jahrzehnt zu füllen.

Du verlässt die Buchhandlung mit einem Kopf voller komplizierter Wörter und der leisen Vorahnung, dass die Buchliebhaberin vermutlich plant, beim nächsten Date über „Faust II" zu diskutieren. Daher beschließt du, sicherheitshalber erst mal einen Comic zu lesen.

. . .

8. Das Date mit der Künstlerin

Du triffst sie in der Galerie. Sie trägt einen bunten Schal, der irgendwie genau zu der verrückten Strähne in ihrem Haar passt, und begrüßt dich mit einem intensiven Blick, ganz so, als wärest du ein Gemälde, das sie gerade „entdeckt". „Du hast interessante Gesichtszüge", sagt sie nach ein paar Sekunden. Es klingt wie ein Kompliment, aber irgendwie auch wie das Eröffnungsgespräch für einen Porträtauftrag.

Euer Date beginnt mit einem Gang durch die Ausstellung. Die Künstlerin strahlt, als wäre sie gerade in einen Tempel der Erleuchtung eingetreten, und während du versuchst, dich im ersten Raum ein wenig zurechtzufinden, ist sie längst ganz vertieft in die erste Skulptur. „Schau dir das an – siehst du die unterdrückte Wut, die in den Linien zum Ausdruck kommt?" Du nickst eifrig, hast aber keine Ahnung, ob du tatsächlich Wut oder nur eine zerdrückte Tonkugel siehst. Aber klar, wenn sie Wut spürt, dann spürst du sie halt auch. Künstlerische Solidarität und so.

Weiter geht es zum nächsten Werk. Ein riesiges abstraktes Gemälde in Rot und Schwarz, das dich eher an verschüttete Farbe auf einer Baustelle erinnert. Sie bleibt stehen, legt den Kopf schief und murmelt: „Das ist die Essenz der Vergänglichkeit." Du starrst auf das Bild und bemühst dich um einen konzentrierten Eindruck, als würdest du ebenfalls tiefste Vergänglichkeit darin erkennen. Vergänglich ist allerdings eher deine Geduld mit abstrakter Kunst, die langsam schwindet. „Es spricht für sich", sagst du leise, was sich überraschend clever anfühlt, und sie lächelt dir zu, als wärst du ein kunstkritisches Genie.

Während des gesamten Rundgangs durch die Ausstellung hält sie deine Hand und starrt dich immer wieder an, als würde sie deine Gesichtszüge gleich als Vorlage für ihre nächste Skizze verwenden wollen. Sie betrachtet dich von links und dann von rechts, wie ein Bildhauer, der seine Statue abklopft, bevor er loslegt. „Ich frage mich, wie deine Konturen auf der Leinwand wirken würden", murmelt sie verträumt. Klar, wer möchte nicht als abstrakte Linie oder geometrische Form in ihrem nächsten Meisterwerk enden?

Ihr bleibt vor einem Gemälde stehen, das voll bemalt ist mit blauen und gelben Farbklecksen. Irgendwie erinnert es dich an ein Kindergartenbild, das du mit Fingerfarben für den Muttertag gemalt hast. „Die Farben erzählen Geschichten", erklärt sie, und streicht andächtig über die Luft vor der Leinwand. Du machst ein „Aha"-Geräusch und hoffst, dass es klug genug klingt, um dich durch die nächste Viertelstunde zu retten.

Zum Glück geht es wenig später zu einer kleinen Café-Ecke in der Galerie. Hier beginnt sie ein Gespräch über die Farbe deiner Augen. „Da ist ein Hauch von ... Moosgrün, mit einem Tropfen Bernstein", murmelt sie. „Das gibt dem Blick eine Tiefe, die ich unbedingt festhalten muss." Du scheiterst bei dem Versuch zu lächeln.

Zum Abschied zieht sie ein kleines Skizzenbuch aus der Tasche, blättert kurz ein paar Seiten durch und drückt dir dann ein Blatt in die Hand. „Für dich. Ein kleiner Eindruck des heutigen Moments." Es ist ein schneller Bleistiftstrich, der irgendwie aussieht wie ... eine Wolke? Oder ein Gesicht? Oder eine Wolke, die aussieht wie dein Gesicht? ...

9. Das Date mit der Dissertantin

Ein Abend voller Fußnoten, Zitierregeln und der Frage, ob man sich Gefühle auch wissenschaftlich erarbeiten kann, kündigt sich an. Bereits zur Begrüßung sagt die Dissertantin, dass sie nur kurz Zeit hat, da sie „gerade mitten im Schreibprozess" steckt. „Aber du bist eine willkommene Ablenkung", fügt sie hinzu, und du fragst dich, ob das als Kompliment gedacht war. Ihre Augen strahlen die Art von Entschlossenheit aus, die nur jemand hat, der schon dreimal das gesamte Archiv der Universitätsbibliothek durchwühlt hat.

Mit der Speisekarte in der Hand legt sie mit einem tiefen Seufzer los: „Puh, ich bin gerade bei Kapitel vier, und ich glaube, mein Gehirn ist mittlerweile eine Fußnoten-Sammlung." Sie erzählt, dass sie den ganzen Tag Artikel liest, und ihre Stimme klingt dabei erschöpft, aber entschlossen. „Und dann das Zitieren! APA oder Harvard – man kann verrückt werden!" Du nickst und fragst dich insgeheim, wie viele Regeln es eigentlich geben kann, um „Das schreibe ich von jemandem anderen ab" auszudrücken.

Die Dissertantin bestellt sie ohne eine Sekunde des Zögerns und mit einer Präzision, als würde sie eine Versuchsreihe anlegen: „Ein stilles Wasser, Zimmertemperatur". Dann fragt sie dich, was du so machst, und kaum setzt du an, unterbricht sie dich gleich und sagt begeistert: „Ah, spannend."

Plötzlich zückt sie ihr Handy und beginnt, sich Notizen zu machen. „Ich bin gerade an dem Punkt, wo ich alles dokumentiere", sagt sie, während sie eifrig in ihr Handy tippt. Kurz überlegst du, ob sie dich in irgendeiner wissenschaftlichen Fußnote dann einmal als „anonymen Probanden" erwähnen wird.

Als das Essen kommt, starrt sie das Gericht kurz an und sagt dann leise: „Wie faszinierend. Genau das könnte man einer qualitativen Analyse unterziehen." Sie beginnt, den Teller mit der Konzentration eines Mikroskop-Benutzers zu inspizieren, bevor sie einen Bissen nimmt. „Ich könnte das sensorisch beschreiben", murmelt sie begeistert, „die Textur, die Aromatik, der visuelle Eindruck – das ist empirisch perfekt!" Du beschließt, das Essen einfach zu genießen, ohne jedes Gabelstück zu einem Dissertationsantrag auszubauen.

Zwischen zwei Bissen erzählt sie dir dann mehr von ihrer wissenschaftlichen Arbeit. „Es geht um die kontextuelle Dynamik sozialer Interaktionen in hybrid-digitalen Umgebungen", sagt sie. Als du sie fragend ansiehst, erklärt sie dir in einem zehnminütigen Monolog, was das bedeutet, und währenddessen denkst du dir, dass sie wahrscheinlich auch die menschliche Begrüßung als „multidimensionale Wechselwirkung" analysieren würde.

„Ich habe diesen Nachmittag wirklich gebraucht", sagt sie zum Abschied und nimmt abermals ihr Handy zur Hand, diesmal um den Kalender zu öffnen. „Ich kann nächste Woche Dienstag von 17:15 bis 18:30 – passt das für dich?" Du lachst, doch sie meint es todernst. „Morgen in der Früh habe ich Dissertantenseminar, zu Mittag treffe ich mich mit Kollegen für die Literaturauswertung und am Abend ist eine Schreibblockadeprävention geplant. Und so geht es die ganze Woche weiter. Ich kann wirklich erst am Dienstag", bittet sie dich um Verständnis. Dann hält sie kurz inne und sagt mit einem Lächeln: „Danke, dass du dir Zeit genommen hast."

10. Das Date mit der Gold-Diggerin

Da sitzt sie – die Gold-Diggerin. Kaum hast auch du Platz genommen, streicht sie sich das Haar zurück, inspiziert deinen Look und fragt mit einem vielsagenden Lächeln: „Schicker Anzug. Ist der von Armani?" Du verneinst und sagst, dass es eher ein No-Name-Produkt ist. Ein dezentes Heben der Augenbrauen ist ihre Antwort, und du hast das Gefühl, dass der Abend sich genau in diesem Moment in eine Art Finanzcheck verwandelt hat.

Noch bevor der Kellner die Speisekarte gebracht hat, fragt sie wie beiläufig: „Was für ein Auto fährst du eigentlich? Lass mich raten! Einen Mercedes oder einen Tesla? Richtig?" Du bleibst höflich und erwähnst, dass dein Auto in der Werkstatt ist – und du aktuell einen Kleinwagen fährst. Das Lächeln in ihrem Gesicht verschwindet für einen winzigen Moment, und sie murmelt, dass sie schon immer ein Faible für „Cabriofahrer" hatte. Du schluckst, und während sie dich prüfend ansieht, merkst du, dass sie eine innere Checkliste aktiviert hat: Marke? Leistung? Preis? Nutzlos?

Als der Kellner nach den Getränken fragt, bestellt sie sich ganz selbstverständlich „den besten Champagner, den ihr hier habt". Während sie das Glas hebt, blickt sie dich an und lächelt süß. „Prost auf uns ... und auf stilvolle Abende." Du hebst dein Bierglas und hoffst insgeheim, dass dieser Abend nicht dein Konto leerräumt.

Im nächsten Atemzug erwähnt sie ihre „innere Leidenschaft“ für Markenklamotten und fragt dich direkt: „Bist du eher der Gucci- oder der Prada-Typ?“ Du stammelst irgendwas von „Jeans und T-Shirt“, und ihr Lächeln wird wieder etwas starrer, als hätte sie gerade beschlossen, dass dein Kleiderschrank ein Optimierungsprojekt ist – und zwar ein dringendes. „Ach“, sagt sie, „ich liebe es, wenn Männer mit Stil unterwegs sind. Ein wenig Luxus schadet nie, oder?“ Du nickst und fragst dich, ob man dich als Luxusexemplar definieren könnte, so mit Discount-Schuhen und einem T-Shirt von H&M.

Während des Hauptgangs – den sie bestellt hat, ohne einmal auf die Preise zu schauen – beginnt sie von ihrem zukünftigen „Traumleben“ zu erzählen. Sie spricht von großen Häusern mit mindestens vier Bädern, einer riesigen Küche und einem Ankleidezimmer für ihre Handtaschen. „Ich meine, man muss doch etwas für die Zukunft aufbauen“, sagt sie mit einem charmanten Lächeln. Du versuchst, nicht zu erwähnen, dass dein „Zukunftsaufbau“ aktuell aus einer Mietwohnung mit minimalistischem Stauraum besteht, und stimmst ihr stattdessen einfach nur zu.

Dann kommt das Thema Reisen auf. Sie fragt dich, ob du eher auf Luxuskreuzfahrten stehst oder „doch lieber was Exklusives in den Schweizer Alpen“ magst und strahlt bei der Erwähnung luxuriöser Resorts. „Weißt du, ich war letztes Jahr in Dubai und hatte diese private Suite mit Infinity-Pool“, erzählt sie mit funkelnden Augen. „Das war einfach … wie für mich gemacht.“ Sie seufzt verträumt und schaut dich erwartungsvoll an, als würde sie hoffen, dass du ihr gleich anbietest, eine Privatinsel für euch beide zu kaufen. Du denkst allerdings an deinen letzten Campingurlaub und entscheidest, das Thema nicht weiter zu vertiefen.

Ein wenig später möchte sie wissen, ob du „zufällig in Immobilien investierst“. „Schließlich“, erklärt sie, „sind Männer mit Weitblick unglaublich attraktiv.“ Du räusperst dich und erwähnst deine Altersvorsorge – was ihre Augen kurz aufleuchten lässt, bis du hinzufügst, dass sie in Form eines Sparbuchs existiert. Sie seufzt und sagt: „Ach, ich habe auch so einen kleinen Plan, aber es ist halt immer schön, jemanden zu haben, der das große Ganze sieht." Sie zwinkert, und du hast das Gefühl, dass sie hofft, dass du das „große Ganze" sein könntest – oder besser gesagt: deine Finanzen.

Zum Abschied sagt sie: „Lass uns bald mal wieder so einen schönen Abend verbringen – ich liebe es einfach, wenn Männer wissen, wie man eine Frau verwöhnt."

Eines steht fest: Sie hat ihre Prioritäten. Ob du in ihre Welt passt? Nun ja, wenn man den Kontostand als einzigen Maßstab für die Kompatibilität ansieht, hast du heute Abend viel dazugelernt – vielleicht mehr, als dir lieb war.

4

DATING-AKTIVITÄTEN

Natürlich sollst du deine wohlverdiente Freizeit genau so verbringen, wie es dir Freude bereitet. Doch kann es passieren, dass dein Date andere Vorstellungen von einem gelungenen Treffen hat als du. Daher lässt es sich bisweilen nicht vermeiden, dass du in einem langweiligen Theaterstück landest oder ein Museumsbesuch nicht das bietet, was du dir erhofft hast. Kein Grund zur Verzweiflung! Schließlich hast du dein Glück selbst in der Hand. Bevor du das missglückte Event als verlorene Zeit abhakst, mach das Beste daraus:

1. Die richtige Stimmung im Theater ist wichtig

Sorge für die richtige Gesellschaft. Nimm auch deine besten Freunde ins Theater mit – die sind ohnehin Meister im Stimmungmachen. Und falls die Gruppe vor dem Theater noch ein paar Bierchen kippen will, geh einfach mit. Dein Date wird das sicher verstehen.

Falls das Stück nicht zündet und eher langweilig über die Bühne läuft, hebe das Theatererlebnis auf ein neues Level und stimme mit dem Publikum ein Lied an. Mit etwas Glück schwappt die gute Laune auf die Bühne über und gibt den Darstellern etwas Schwung!

Du kannst aber auch das Programmheft zücken und enthusiastisch eigene Regieanweisungen geben, wie „Mehr Drama!", oder „Ein wenig mehr Elan, bitte!" Vielleicht lässt sich so das Ensemble weiter inspirieren.

2. Intensive Auseinandersetzung mit einem Kunstwerk

Falls dir ein Exponat im Museum völlig unverständlich bleibt, könnte es sein, dass du mehr Zeit brauchst, um es wirklich zu erfassen. Also, warum nicht mitnehmen und über Nacht auf dich wirken lassen?

Dasselbe gilt für eine Aufführung: Wenn du die ganze Show aufzeichnest, kannst du dir zu Hause die Zeit nehmen, dich tief in die Charaktere hineinzuversetzen. Falls du eine eingeschränkte Sicht haben solltest, bitte jemanden in den vorderen Reihen, die Aufführung für dich aufzunehmen.

3. Im Museum die Führung selbst in die Hand nehmen

Wenn dich eine Ausstellung nicht begeistern kann, übernimm selbst die Führung und biete den anderen Besuchern und Besucherinnen ein wahres Kunsterlebnis an. Erfinde einfach witzige, völlig abwegige Geschichten zu den Werken. Aus einem minimalistischen Quadrat wird so „Das verlorene Fenster zu einer längst vergessenen Dimension".

Du kannst aber auch in den direkten Dialog mit den Kunstwerken eintreten. Nähere dich einem Bild und frage es direkt: „Was willst du uns wirklich sagen?" Du kannst auch vor jedem Kunstwerk stehen bleiben und kritisch murmeln: „Ist das Kunst oder kann das weg?"

Lausche der Antwort aus der Stille – oder setzte ein entrücktes Lächeln auf und freue dich über die verwirrten Blicke der anderen Besucher und Besucherinnen. Vielleicht winkst du ihnen kurz zu.

Das gestaltet auch für sie den Museumsbesuch zu einem freundlicheren Erlebnis.

4. Gekonntes Arrangement

Im Museum liegt eine missglückte Atmosphäre oft gar nicht an den Ausstellungsstücken selbst, sondern an deren Arrangement. Ordne die Exponate also nach deinen Vorstellungen neu an, und du wirst staunen.

5. Kunstexperte

Du kannst dich auch als Kunstkritiker „outen“. Zieh ein kleines Notizbuch heraus und gib jedem Werk auf einer Skala von 1 bis 10 eine Bewertung. Dabei kommentiere laut Dinge wie „Mutig, aber konzeptionell fragwürdig“ oder „Grundsätzlich gelungen, aber ein bisschen zu viel Orange“. So wird deine „Expertise“ für alle anderen Besucher und Besucherinnen zu einer wahren Bereicherung ihres Kunstverständnisses!

6. Die richtige Verpflegung

Ob Museum oder Theater: Vielleicht stellt sich der Kunstgenuss nicht ein, weil du hungrig bist. Lass dir schnellstens dein Lieblingsessen liefern und gib der Sache noch eine Chance. Oder du packst die kleine Käseplatte aus, die du in weiser Voraussicht mitgenommen hast, und genießt so das Kunstwerk. Wie könnte man die „kulinarische Kunstwahrnehmung“ besser fördern?

Durst kann sich ebenfalls negativ auf deine Stimmung auswirken. Dann ist selbst die beste Show kaum zu ertragen. Mit einem gut bestückten Bierhelm bist du auch für die längste Vorstellung bestens ausgerüstet.

. . .

7. Wahres Künstlertum

Scheue dich nicht, zu zeigen, was du kannst! Nimm deine Malausrüstung mit ins Museum (die Farben und Pinsel, mit denen du dein Wohnzimmer renoviert hast, reichen vollkommen aus) und fertige direkt vor Ort ein Kunstwerk an, das eines Museums wirklich würdig ist.

8. Choreografiere das Musical neu

Sollte das Musical, in welches dich dein sing- und tanzbegeistertes Date geschleppt hat, deine Erwartungen nicht erfüllen, such auf deinem Smartphone die Songtexte und sing lauthals mit.

Fehlt dem Musical der Schwung? Wirf ruhig deine eigenen Choreografie-Kenntnisse ein und beginne, ausdrucksstarke Bewegungen zu den Songs hinzuzufügen. Betrachte es als freundliches Angebot, den Darstellern neue Inspiration zu geben! Und wer weiß, vielleicht kannst auch deine Sitznachbarn dazu animieren, mitzusingen und zu tanzen, und alles wird zu einer spontanen Mitmach-Party.

9. Vernissage

Sollte es dich in eine Vernissage verschlagen, stelle dich vor ein Kunstwerk, mit dem du absolut nichts anfangen kannst, und beginne es lautstark zu interpretieren: „Diese emotionale Tiefe des Künstlers. Die Spannung zwischen Linie und Raum in der Abwesenheit von Chaos ... Unfassbar."

Was auch immer das heißen soll, es klingt nach Kunstkenner. Du kannst das Ganze noch steigern, indem du vor Ergriffenheit tapfer mit den Tränen kämpfst. Nicht nur dein Date wird tief beeindruckt sein von so viel Kunstsinn.

. . .

10. Poesie

Schlimmer geht's immer und du kannst dich mit deinem Date auch völlig ohne Vorwarnung plötzlich in einem Poesie-Café wiederfinden, wo jeder sein tiefstes Inneres teilt. Wenn du an der Reihe bist, erhebe dich, räuspere dich bedeutungsvoll und rezitiere mit ernster Miene: „100 Gramm Tomaten, eine Prise Salz, drei Esslöffel Olivenöl …" Dann machst du eine dramatische Pause, wirfst deinem Date einen intensiven Blick zu und fährst fort: „… zwei Knoblauchzehen, fein gehackt."

Das Publikum hält den Atem an. Du spürst die Spannung im Raum, als du zum Höhepunkt kommst: „… und zuletzt – ein Hauch Basilikum, frisch gezupft." Du beendest die Darbietung mit einem feierlichen Nicken und setzt dich, als wäre dies die tiefste Offenbarung, die du jemals geteilt hast.

Für den Rest des Abends bist du der Star des Poesie-Cafés – der Poet, der es wagt, über die Essenz des Lebens zu sprechen.

11. Lesung

Zu guter Letzt kannst du auch bei einer Buchvorstellung samt Lesung landen, die im Rahmen eines „Abends für Liebhaber der gehobenen Literatur" stattfindet – die perfekte Mischung aus Monotonie und endlosem Zuhören. Dein Date ist natürlich Feuer und Flamme, während du dich ganz woanders hin sehnst. Der Autor betritt die Bühne und beginnt, das gesamte erste Kapitel vorzulesen, komplett mit den Beschreibungen jeder einzelnen Wolke am Himmel. Dein Date lauscht gebannt, als wäre das das spannendste Abenteuer seit dem letzten Segeltörn.

Der Moment kommt, an dem das Publikum Fragen an den Autor richten kann. Nutze die Gelegenheit und frage ganz unschuldig: „Wann kommt denn die Stelle mit den Aliens?" Ein Raunen geht durchs Publikum – und der Autor ist kurz sprachlos. Das ist die Gelegenheit für dich, schnell den Raum zu verlassen und den Gedanken an eine eigene Lesung mit dem Titel „Aus der Bedienungsanleitung eines Toasters" augenblicklich zu verwerfen.

Schließlich steht dir jetzt bevor, dich mit deinem Date zu versöhnen. Vielleicht hilft es ja, wenn du zwei Gläser Wein bestellst und sie/ihn versuchst, davon zu überzeugen, dass der einzige Weg, den wahren Geschmack zu erfassen, darin besteht, den Wein durch einen Strohhalm zu trinken.

Mit diesen Tipps verschwendest du an keinem Kunst- oder Kulturabend deine Zeit – selbst wenn das Originalprogramm auf den ersten Blick eher langweilig erscheinen mag. Ganz im Gegenteil: dein aktiver Einsatz, ein Garant für beste Unterhaltung!

5

DER ULTIMATIVE PERSÖNLICHKEITSTEST

Finde deinen Traumpartner!

Jetzt hattest du schon einige Dates und es geht darum, aus all deinen Bekanntschaften den „richtigen“ Mann zu wählen.

Hier sind 20 Fragen, die dir garantiert helfen werden, einen echten Traummann zu finden – fürs Leben oder wenigstens für weitere Dates.

Viel Glück! Du wirst es brauchen …

1. Sein liebstes Hobby

- **A)** sind tägliche Marathonläufe um fünf Uhr morgens.
- **B)** ist ein „interessantes“ Gemisch aus FIFA, Pizza und Couch.
- **C)** ist sein Bizeps, mit dem er täglich spricht. Du wirst regelmäßig über die Trainingsfortschritte informiert.

2. Zum nächsten Date kommt er

- A) in Jogginghose, weil er „sich dir endlich so zeigen will, wie er wirklich ist."
- B) mit einem selbstgebastelten Gutschein für „gemeinsame Zeit".
- C) mit Blumen und einem heimlichen Blick auf sein Handy, um zum nächsten Date nicht zu spät zu kommen.

3. Seine Mutter ist

- A) seine beste Freundin – ihre Sonntagsessen sind heilig!
- B) die unangefochtene Gesundheitsberaterin, die ihm regelmäßig Vitamine schickt und sicherstellt, dass er jeden Schal trägt, den sie ihm gestrickt hat.
- C) seine persönliche Beraterin und die wahre Königin des Familienchats inklusive Smiley-Emojis und GIFs.

4. Für ihn ist „Pünktlichkeit",

- A) dass er zwei Stunden vorher am Treffpunkt wartet – schließlich könnte er sonst die besten Plätze verpassen.
- B) dass er 15 Minuten zu spät kommt und es auf „den Verkehr" schiebt, obwohl er zu Fuß da ist.
- C) ein flexibles Konzept, das nur mit Glück und GPS-Einsatz gelingt.

5. Seine Vorstellung eines romantischen Abends ist:

- A) Grillen im Park und abends Netflix bis zum Einschlafen.
- B) ein selbstgekochtes Drei-Gänge-Menü – auch wenn es dann Pasta wird.
- C) ein Abend voller tiefgründiger Gespräche über das Universum.

6. Sein Umgang mit Geld?

- A) „Wofür braucht man ein Budget?" – Ausgegeben wird intuitiv.
- B) Strikter Finanzplan mit 50 Excel-Tabellen.
- C) Liebt kleine Überraschungsausgaben – für sich.

7. Seine liebste Musikrichtung ist:

- A) alles, was laut ist und die Wände beben lässt.
- B) die sanfte Akustik seiner liebsten Podcasts.
- C) die romantischen Pop-Klassiker – mit Karaoke.

8. Sein liebstes Reiseziel?

- A) Fernreisen! Alles, was Abenteuer und Exotik für den männlichen Geschmack verspricht.
- B) Der nächstgelegene Strand oder die Couch – Hauptsache bequem.
- C) Ein Mix aus Wellnesshotel und Entdeckungsreise im urbanen Dschungel, solange du dich ums Gepäck kümmerst.

9. Er liebt es, wenn du

- A) aufmerksam zuhörst, wenn er Geschichten aus seiner Schulzeit erzählt.
- B) ihm seine Lieblingssnacks bringst – der wahre Weg zu seinem Herzen.
- C) seinen Rat ernst nimmst, besonders beim Thema Fußball.

10. Sein Lieblingsoutfit?

- A) Alles, was sportlich und teuer aussieht – also definitiv das alte Trikot seiner Lieblingsmannschaft.

- **B)** Eher Basics – Jeans, Hoodie und T-Shirt gehen immer.
- **C)** Durchdacht und ein wenig retro – er setzt auf Klasse und Stil.

11. Sein Verhalten in der Küche?

- **A)** Ein echter Maître de Cuisine, aber nur wenn du kochst.
- **B)** Meister im Bestellen – „Das ist doch auch irgendwie kochen, oder?"
- **C)** Seine Spezialität: Nudeln mit Ketchup.

12. Sein Blick auf das Thema „gemeinsames Wohnen":

- **A)** Traumhaft – dann kann er endlich von zu Hause ausziehen.
- **B)** Fragwürdig – „Warum müssen die Schuhe eigentlich in den Flur?"
- **C)** Das dauert noch ein wenig ... es könnte seine Gaming-Zeit reduzieren.

13. Er gibt dir süße Spitznamen wie

- **A)** „Knuddelkeks" oder „Zimtschnecke", die bei dir bald einen Zuckerschock auslösen.
- **B)** „Heldin meines Herzens" – inklusive langem Blick und dramatischer Stimme, als wärst du die Hauptfigur in seinem Lieblingsfilm.
- **C)** „Mein kleines Universum" – inklusive tiefer Stimme und verträumtem Blick, als wärst du der Mittelpunkt seiner Instagram-Story.

14. Sein Plan für einen romantischen Abend zu zweit:

- **A)** ein Dinner im nobelsten Restaurant der Stadt – aber nur, wenn du das Taxi zahlst.

- **B)** Kino (Die Karten hat er zufällig schon gekauft – für einen Film, den er „total spannend" findet und unbedingt sehen möchte.)
- **C)** ein Spaziergang bei Sonnenuntergang mit einem Vortrag über seine Ex.

15. Seine Einstellung zu Wellness-Wochenenden:

- **A)** „Warum nicht, solange es Bier und Steak gibt!"
- **B)** „Gibt es dort WLAN?"
- **C)** „Zählt die Sauna als Trainingseinheit?"

16. Wie viele Muskeln zeigt er dir bei eurem dritten Date?

- **A)** Alle. Der Bizeps hat inzwischen eine eigene Instagram-Story.
- **B)** Nur einen: den kleinen Finger, begleitet von einem langen Monolog über seinen Fitnessplan – und dazu eifrigen Tipps für deinen.
- **C)** Keinen. Sein einziges Training? Das Heben von Kaffeetassen, das Drücken von Fernbedienungen und das Scrollen auf dem Handy.

17. Wie redet er über sein Arbeitsleben?

- **A)** Ständig, denn er plant im nächsten Jahr mindestens vier Unternehmen zu gründen.
- **B)** Kaum, weil seine größte Herausforderung der regelmäßige Termin beim Arbeitsamt ist.
- **C)** Mit einer heldenhaften Ernsthaftigkeit, als würde er die Welt retten – seine Excel-Tabellen sind „Kunstwerke", jede Präsentation ein „Meisterwerk moderner Kommunikation", sein Team „wie eine Familie" und jede Kaffeepause ein „strategischer Austausch zur Optimierung der Synergien".

18. Was macht er am liebsten an verregneten Sonntagen?

- **A)** Stundenlang zocken oder die neuesten Serien suchen – mit Pizza, Chips und einigen Dosen Bier, den Grundlagen der modernen Kulinarik.
- **B)** Sich unter die Decke kuscheln, alte Actionfilme schauen und ab und zu Kommentare einwerfen wie „Das könnte ich auch, …“.
- **C)** Spontan drei Burger bestellen und über Verschwörungstheorien diskutieren.

19. Seine größte Schwäche:

- **A)** vergisst gern mal den Müll rauszubringen.
- **B)** überanalysiert alles.
- **C)** etwas zu große Begeisterung für alle Fußballspiele.

20. Sein Humor besteht aus …

- **A)** Witzen, die nur er lustig findet.
- **B)** sarkastischen Kommentaren mit viel schwarzem Humor – er lacht sich fast tot, als einziger.
- **C)** Wortspiele, die so schlecht sind, dass auch er manchmal verlegen grinst.

21. So verhält er sich im Restaurant.

- **A)** Er spricht von seinem neuesten Business-Plan, der „top-secret sowie game-changing“ ist, und verschluckt sich dabei fast am Strohhalm.
- **B)** Er schaut ständig auf die Karte und fragt sich, ob er noch Pommes als Vorspeise dazu bestellen soll.
- **C)** Er fährt stundenlang im Kreis auf der Suche nach dem Restaurant, um dich dann auf einen Burger bei McDonald‘s einzuladen.

22. Seine Worte der Liebe?

- **A)** „Ich habe extra ein Viertel der Pizza für dich aufgehoben!“
- **B)** „Wenn du Netflix ohne mich schaust, war es das.“
- **C)** „Du bist für mich ... also, du bist halt da, weißt du?“

23. Wie sieht er eure gemeinsame Zukunft?

- **A)** „In fünf Jahren? Sicherlich eine eigene Villa und eine Garage voller Traumautos.“ Er hat bereits ein Moodboard dafür auf Pinterest.
- **B)** „Mal sehen, eins nach dem anderen.“ aka: Keine Ahnung, aber immerhin flexibel.
- **C)** Erstmal ein Abo fürs Fitnessstudio und vielleicht ein Netflix-Premium-Account, damit ihr Serien ohne Werbepausen schauen könnt.

Lösung:

Die erübrigt sich wohl! Es erklärt sich doch alles von selbst, oder?

Finde deine Traumpartnerin!

Du fragst dich, ob dein Date das Zeug zur Traumfrau hat? Mit diesen 20 hochwissenschaftlichen Fragen kannst du herausfinden, ob sie Ms. Right oder Ms. Bitte-Schnell-Verschwinden ist.

Der ultimative Test für den perfekten Beziehungscheck! Erfahre, was er über eure Zukunft verrät!

1. Wie verhält sie sich beim zweiten Date?

- A) Sie bestellt das teuerste Gericht auf der Karte und fragt beiläufig nach deinem monatlichen Einkommen.
- B) Sie spricht 20 Minuten über ihr Sternzeichen und deutet an, dass eure „Energien" vielleicht nicht kompatibel sind.
- C) Sie isst ihren Salat und schielt ununterbrochen auf deine Pommes.

2. Ihre Vorstellung von einem perfekten Samstag ist

- A) Shopping, bis der Laden schließt – und du bist natürlich als persönlicher Tütenträger dabei.
- B) ein Roadtrip irgendwohin, „mal sehen, wo wir landen" – ohne Google Maps.
- C) gemeinsam für Stunden im Baumarkt zu verbringen, um den perfekten Farbton für das Balkongeländer zu finden.

3. Ihr Haustier ist …

- A) eine kleine Katze, die mehr Accessoires besitzt als du.
- B) eine 10-köpfige Kakteenfamilie, mit denen sie mehr spricht als mit dir und deren „Bedürfnisse" sie sehr ernst nimmt.
- C) ein Goldfisch namens „Poseidon", dem sie einmal

wöchentlich Geschichten erzählt, während er stoisch weiter seine Runden dreht.

4. Wie sieht ihr Wohnzimmer aus?

- **A)** Schlicht und ordentlich mit einer gigantischen Plüschtiersammlung.
- **B)** Ein chaotisches Reich aus DIY-Projekten und halb vollendeten Bastelideen.
- **C)** Alles pastellfarben und voller Duftkerzen – als würde sie in einer Parfümerie wohnen.

5. Ihr ultimativer Plan für euren ersten gemeinsamen Urlaub ist:

- **A)** Romantische Stadtführungen in Paris, inklusive 500 Selfies vor dem Eiffelturm.
- **B)** Zelten in den Bergen – mit „Stille und Nähe zur Natur", aber auf jeden Fall Handy-Empfang.
- **C)** Wellnessurlaub – es gibt nichts Entspannenderes, als gemeinsam Gesichtsmasken zu tragen.

6. Was sind ihre Lieblingsserien?

- **A)** Drama pur – je mehr Liebeskummer und Seitensprünge, umso besser.
- **B)** Dokus über antike Zivilisationen – je mehr Liebeskummer und Seitensprünge, umso besser.
- **C)** Mysteriöse Krimis, bei denen du regelmäßig gefragt wirst, ob du weißt, wer der Täter ist.

7. Ihr Geschmack in Sachen Musik:

- **A)** Pop-Hits der 90er, und sie kann jedes Wort mitsingen. Ihre Roadtrip-Playlist besteht aus Backstreet Boys und Britney Spears.

- **B)** Indie-Künstler, von denen du noch nie gehört hast, was immer wieder zu einer Verurteilung deines Musikgeschmacks führt.
- **C)** Ein wilder Mix aus Jazz und Elektrobeats – sie sagt, es wäre „avantgardistisch", du nennst es schlicht nervig.

8. Ihr perfektes Date sieht so aus:

- **A)** Picknick im Park bei Sonnenuntergang, mit selbstgemachtem Fingerfood und einem Fotoshooting zur „Erinnerung".
- **B)** Nachtwanderung im Wald, „um die Sterne zu sehen" (du trägst die Taschenlampe).
- **C)** Escape Room – „damit man sieht, wie gut man als Team funktioniert."

9. Wie sieht ihr Frühstück aus?

- **A)** Ein Smoothie mit allem „Superfood", das du nicht aussprechen kannst, und frischem Ingwer, Spirulina und „einem Hauch" Matcha.
- **B)** Gar nichts, „nur ein Glas Wasser mit Zitrone" – sie sagt, das sei der perfekte Start in den Tag, und du hoffst, dass sie später nicht deine Snacks klaut.
- **C)** Eine gigantische Schüssel Müsli, die sie auch gleich auf Instagram postet.

10. Was sie beim zweiten Date trägt:

- **A)** Designer von Kopf bis Fuß – inklusive Accessoires, die mehr gekostet haben, als du in den nächsten vier Monaten verdienen wirst.
- **B)** Second-Hand-Stil, den sie „Vintage" nennt – du nennst ihn mutig.

- **C)** Ein schlichtes Outfit, das so unauffällig ist, dass du vergisst, wie sie überhaupt aussieht.

11. Ihre Meinung zu Sport?

- **A)** Fitnessjunkie – sie verbringt mehr Zeit im Gym als du.
- **B)** Joggt gelegentlich, „um den Kopf freizukriegen" – aber nur bei maximal 20 und nicht unter 15 Grad, Sonnenschein und absoluter Windstille.
- **C)** Sport sieht sie eher als Wellness-Programm an: Yoga, ein paar Dehnübungen und am besten viel Ruhe, „um die innere Balance zu finden".

12. Ihr Traumberuf ist:

- **A)** Influencerin, am liebsten mit dem Fokus auf Reisen, Lifestyle und Tierwelt, da sie glaubt, jedes Eichhörnchen hätte eine Geschichte zu erzählen.
- **B)** Künstlerin – sie ist davon überzeugt, dass die Welt ihre Kunst noch nicht versteht und wartet auf den großen Durchbruch.
- **C)** Bestseller-Autorin – sie möchte in ihren Romanen „authentische Erfahrungen" teilen, die sich genau so lesen wie ihre Facebook-Posts.

13. Ihre Art zu flirten ist

- **A)** subtil und geheimnisvoll, du weißt nie, ob sie es ernst meint.
- **B)** direkt – sie teilt dir mit, dass sie deine Ohren süß findet.
- **C)** sie neckt dich so oft, dass du dich manchmal wie ihr kleiner Bruder fühlst.

14. Ihre Einstellung zu Natur:

- **A)** Sie liebt Spaziergänge – aber bitte nur mit fotogenem Hintergrund.
- **B)** Hardcore-Umweltschützerin, sie hat eine wiederverwendbare Wasserflasche und trennt oft ihren Müll.
- **C)** Sie findet Natur gut – solange sie sauber und ohne Insekten ist.

15. Wie sieht ihre Selfie-Routine aus?

- **A)** Stündlich ein Update auf Instagram, perfekt durchdachte Posen inklusive.
- **B)** Selfies nur bei besonderen Anlässen – aber dann mit jedem Filter.
- **C)** Sie postet einmal im Jahr, aber wenn, dann braucht sie 50 Versuche und erwartet sofort ein „Gefällt mir".

16. Ihr Sinn für Ordnung?

- **A)** Minimalistisch und strukturiert – selbst ihre Bücher sind nach Farben sortiert.
- **B)** Kreatives Chaos – „Wenn alles sichtbar ist, ist es einfacher zu finden."
- **C)** Sie sammelt grundsätzlich alles – von Konzerttickets bis zu leeren Dosen und Muscheln aus dem Urlaub – und behauptet, jede Sache habe „emotionalen Wert".

17. Ihre Meinung zu Kochen:

- **A)** „Wozu? Ich schreibe doch kein Kochbuch."
- **B)** Mikrowellen-Cuisine, der moderne Minimalismus. Schneller, einfacher, und sie behauptet, es spart Wasser.

- **C)** Kochen ist ein Event – jede Mahlzeit wird mit frischen Kräutern und dekorativem Anrichten zelebriert, auch wenn es nur Gnocchi mit Pesto sind.

18. Was bedeutet für sie Romantik?

- **A)**Findet sie super und überrascht dich mit selbstverfassten Gedichten.
- **B)** Gemeinsames Meditieren, begleitet von „Klangschalen & Walgesang".
- **C)** Ein Wochenende in der Wildnis, wo du den Sherpa spielst und sie die Kräuter „fürs gemeinsame Überleben" sammelt. Bonuspunkte, wenn es dir gelingt, das Zelt ohne Anleitung aufzubauen.

19. Wie geht sie mit Problemen um?

- **A)** Sie analysiert die Situation stundenlang und bezieht dabei Sternzeichen mit ein.
- **B)** Ablenkung pur – Amazon Prime und Junkfood bis zur Lösung.
- **C)** Sie ruft sofort ihre beste Freundin an und bespricht mir ihr gemeinsam jedes noch so kleinste Detail.

20. Ihr Lieblingshobby ist

- **A)** Online-Shopping. Sie hat inzwischen mehr Pakete als Freunde.
- **B)** das Aufspüren von Sternbildern – auf den Instagram-Feeds anderer Leute.
- **C)** Leute belehren, die das Wort „vegan" nicht richtig aussprechen.

21. Wie würde sie euch beschreiben?

- **A)** „Schicksal in Reinform – das Universum hat uns zusammengeführt."
- **B)** „Ein ungeschliffener Diamant – noch nicht perfekt, aber ich arbeite daran."
- **C)** „Ein gemeinsames Abenteuer – es braucht zwar etwas Anleitung, aber das macht es spannend."

22. Wie reagiert sie, wenn du ihr sagst, dass du Karten fürs Kino hast?

- **A)** „Kino? Ähm, ich wollte ein echtes Erlebnis – wie wäre es mit einem Spa-Tag?"
- **B)** „Kommt darauf an … wer ist der Hauptdarsteller?"
- **C)** „Süß von dir, aber ich kenne den Film schon – komm, ich erzähle dir schnell die Handlung!"

23. Wie hält sie es mit ihren Ex-Freunden?

- **A)** „Freunde bleiben" ist ihr Motto – sie trifft sich gelegentlich auf einen Kaffee mit ihnen. Ob dies „rein freundschaftlich" ist, verschweigt sie.
- **B)** Abgehakt und vergessen – für sie existieren Ex-Freunde nur noch als Warnbeispiele dafür, wie man es auf keinen Fall macht.
- **C)** Sie hat eine Sammlung an „Ex-Geschichten" und erzählt sie dir immer wieder – emotional und im Detail.

24. Wie ist ihr Umgang mit Geld?

- **A)** Jedes Sale-Schild ist für sie eine Einladung, weil sie „heute wieder so richtig sparen möchte".
- **B)** Sie hat für jeden Ausgabenposten ein eigenes Excel-Sheet und plant ihren Urlaub fünf Jahre im Voraus.

- **C)** „Sparen" klingt für sie wie ein Mythos aus einem Fantasy-Roman.

6

UND ES GEHT WEITER …

Eigentlich wäre es nur gerecht, würden dir schon deine charmante Ausstrahlung und die beeindruckenden Netflix-Empfehlungen einen direkten Weg ins Herz deines Gegenübers ebnen. Doch das Dating-System ist offensichtlich fehlerhaft und würde dringend ein Update benötigen. Leider haben sich nämlich deine bisherigen Treffen als nicht ganz so erfolgreich herausgestellt, wie du es eigentlich verdient hättest und du musst zurück an den Start.

7

WIE DU DEINEM DATE SAGST, DASS ES DUMM IST

Wenn du einen dummen Mann datest

Du bist also zurück in der Welt des Datings. Und du hast es geahnt – wieder warten spannende Begegnungen auf dich. Diesmal scheinen sich ganz besondere Bekanntschaften anzubahnen.

Es gibt Dates, die sind wie ein gutes Buch – spannend, tiefgründig und voller Überraschungen. Und dann gibt es Dates, nun ja, die sind es eher nicht ... In diesem Kapitel widmen wir uns einer ganz speziellen Gattung von Dating-Erlebnissen: dem Date mit einem Mann, dessen Intellekt gerade Urlaub macht. Bleibe dennoch gelassen. Du kannst ihm ruhig verschweigen, dass er nicht zu den Hellsten gehört, er weiß es vermutlich ohnehin.

Du hast vielleicht gehofft, dass er ein tiefsinniger Gesprächspartner ist, der deine Seele zum Leuchten bringt. Stattdessen plätschert eure Konversation seicht dahin und dein Date verspricht trotzdem, oder gerade deswegen absolut unvergesslich zu werden.

Und so sitzt du ihm hoffnungsvoll und gespannt gegenüber und fragst dich, was als Nächstes kommt. Vielleicht stellt er gleich eine Frage, die du nicht erwartet hast. Eine Frage wie: „Gibt es bei dir zu

Hause auch WLAN, oder wohnst du noch eher analog?" Oder sein romantischer Blick wandert zu den Sternen und er murmelt: „Ist der Mond eigentlich das Gleiche wie die Sonne, nur nachts?"

Spätestens jetzt wird dir klar: Du bist nicht nur auf einem Date – du bist auf einer Expedition in eine faszinierende Gedankenwelt, in der die Logik ihr Dasein in der Sicherheitsverwahrung fristet und die Erkenntnis nur kurz zum Hallo-Sagen vorbeikommt.

Aber keine Sorge: In diesem Kapitel begleiten wir dich durch die Höhen und Tiefen dieses Abenteuers. Du wirst lernen, die unvermeidlichen Situationen mit Stil und einer guten Portion Sarkasmus zu meistern. Hier bekommst du Tipps, wie du ihm charmant über die kleinen Wissenslücken hinweghilfst und die Kunst erlernst, dabei das Lachen zu unterdrücken (oder es zumindest als „Lächeln der Zuneigung" zu tarnen).

Vielleicht schaffst du es sogar, die positiven Seiten zu sehen: Wer sonst könnte dir voller Überzeugung erzählen, dass er die Tower Bridge schon mal „live" in Las Vegas gesehen hat? Du hörst dir faszinierende Fragen an, wie: „Ist das Internet wirklich ein Ort, den man besuchen kann?" und bist erstaunt über interessante Theorien, die dir so noch nie untergekommen sind: „Wenn ich jetzt ganz oft dasselbe Buch lese, lerne ich dann irgendwann alle Gedanken des Autors kennen, die er gar nicht reingeschrieben hat?"

Kaum sitzt ihr am Tisch, beweist seine Getränkewahl Selbstbewusstsein: „Ein stilles Sprudelwasser, bitte!" Auf die Frage der leicht verwirrten Kellnerin, ob es nun still oder sprudelnd sein soll, schaut er sie an, als hätte sie soeben die Gesetze der Physik gebrochen, und antwortet leicht genervt: „Beides? Ist doch das Gleiche!"

An diesem Punkt widerstehst du der Versuchung, einen Kurzvortrag zum Thema „Kohlensäure" zu halten, lächelst stattdessen liebevoll und nimmst einen tiefen Schluck aus deinem Glas, denn das wird nicht die letzte Überraschung des Abends bleiben.

Als du wenig später erwähnst, dass du Französisch sprichst, nickt er, als hätte er schon ganz Frankreich gesehen, und sagt: „Ja, ich auch! Voll romantisch ... Bonjourno, oder wie man so sagt!" Antworte einfach mit einem freundlichen „Oui!" und bestelle schon mal den nächsten Drink.

Er erzählt stolz, dass er jetzt regelmäßig ins Fitnessstudio geht, seit gestern. „Du kannst die Muskeln schon sehen, oder?", fragt er dich und blickt auf seine Arme. Du nickst höflich, während er mit dem Enthusiasmus eines frischgebackenen Bodybuilders weiterredet. „Verrückt, oder? Gerade erst angefangen und schon richtig in Form!" Du lächelst – ein Anblick wie dieser ist doch tatsächlich unvergesslich.

Bei deinem Versuch, ein wenig von deinem letzten Urlaub in Thailand zu erzählen, sieht er dich verwirrt an und sagt: „Thailand? Das ist doch dieses Land ... in Afrika, oder?" Bleib ruhig. Denk daran: Geografie war nicht für alle das Lieblingsfach. Ein leises „Mhm" wird hier Wunder wirken. Ein wichtiger Tipp am Rande: Halte die Details über deinen Urlaub kurz, bevor er noch glaubt, Tokio wäre die Hauptstadt der Malediven.

Er erzählt dir stolz, dass er gerne liest und du fragst – naiv optimistisch – nach seinem letzten Buch. Er denkt kurz nach und sagt: „Oh, das hieß ... ähm, irgendwas mit Ikea ... war echt schwer zu verstehen." Schau ihm einfach verständnisvoll in die Augen und sage: „Schwedische Literatur kann schon mal anspruchsvoll sein." Dabei belässt du die Sache und gibst ihm damit die Chance, beim Thema Geschichte voll aufzudrehen. „Ich steh total auf alte Zeiten", verkündet er stolz. „Am liebsten alles, was vor 2020 passiert ist. Voll retro!" Gut, dass du weißt, dass auch vergangene Wochen historisch wertvoll sein können. Lehne dich zurück, bestelle die Vorspeise und lass ihn die Epoche von 2010 bis 2015 für dich aufarbeiten. Wer braucht schon die Römerzeit, wenn es die Pre-Covid-Ära gibt?

Du erzählst, dass du dich sehr für Mode interessierst. Er sieht dich wissend an und verkündet: „Ich mich auch! Vor allem diese Designerjeans aus China – Louis Wutton oder so." Hier gilt es, keine Miene zu verziehen und möglichst lange zu nicken. Dann wechsle schnell das Thema – am besten zu etwas Unverfänglichem wie Socken.

Er bestellt Pasta und ist schockiert, als der Teller ohne Pommes daherkommt. „Die Italiener haben aber komische Essgewohnheiten!", murmelt er beleidigt und schaut enttäuscht auf die Nudeln. Tipp: Winke schnell den Kellner herbei und bestelle ihm ein Beilagenkörbchen mit den frittierten Kartoffeln dazu.

Du erzählst, dass du ein Kunstmuseum besucht hast, woraufhin er anerkennend fragt: „Da hängen doch sicher die ganzen Original-Kopien, oder? Auch richtig echte Kopien von Van Gogh?" Sag einfach: „Ja, ganz genau! Es war fantastisch." In solchen Momenten ist eine kleine Notlüge durchaus erlaubt.

Als du ihn nach seinem Lieblingsfilm fragst, huscht ein Leuchten über sein Gesicht und er sagt voller Überzeugung: „Die Simpsons!" Du lächelst und fragst, welche Folge, worauf er in einem leicht genervten Ton antwortet: „Nee, nee, den langen Film ... den mit allen!" Nicken und Lächeln, das ist hier abermals die Strategie. Schließlich bist du nicht hier, um ein Seminar in Logik anzubieten.

Bei dem Wort „Biologie" wird er hellhörig und fragt begeistert: „Krass! Dann kennst du dich ja auch mit Astrologie aus. Ich bin übrigens Wassermann – passt das zu Löwen?" Ein sanftes Lächeln deinerseits reicht hier vollkommen. Sag einfach: „Definitiv!" Es braucht manchmal zum Glück nicht viel, um einen Abend zu retten.

Was wäre ein Date ohne ein interessantes Gespräch über Politik? Du erwähnst, dass du dich gerne über das Tagesgeschehen informierst. Er runzelt die Stirn und sagt: „Also, ich verstehe diese Nachrichten nicht ... die sprechen da immer vom ‚Westen', aber sie haben noch nie gesagt, in welchem Land das liegt." In Momenten wie diesen bist du dankbar für deine schauspielerische Begabung. Mit einem sanften „Ja, die Welt ist echt kompliziert“ überbrückst du mögliche weitere Kommentare und wechselst charmant das Thema.

Das Date neigt sich dem Ende zu und du bist stolz, an nur einem Abend so viele Prüfungen mit Stil und Würde bestanden zu haben. Da beugt er sich zu dir und sagt sanft: „Du bist echt was Besonderes. Wollen wir morgen zusammenziehen? Ich habe eine richtig große Einzimmerwohnung.“ Du merkst, wie du laut auflachen willst, doch du hältst dich elegant zurück und erwiderst einfühlsam: „Lass uns mal sehen.“

Wenn du eine dumme Frau datest

Stell dir vor: Du sitzt im Restaurant, bereit für einen netten Abend, und da kommt sie, ein Traum in Pastellrosa, mit einem Lächeln – das eigentlich nicht wirklich viel verheißt …

Ihr Blick verrät, dass sie keine dunklen Geheimnisse in sich trägt, sondern ganz im Gegenteil, alles, was sie weiß, ziemlich bald ausgeplaudert hat.

In diesem Kapitel lernst du, wie du charmant durch diese besondere Art von Date navigierst.

Wir empfehlen dir, dass du auf ihre Erkundigung, ob ein Apfel auch ohne Schale vegan ist, freundlich antwortest und gleichzeitig daran arbeitest, das Lachen im Zaum zu halten.

Spätestens mit ihrer Frage, ob sie den Kaffee mit Zucker und Milch, aber „ohne Kalorien" bestellen kann, weißt du, dass das hier kein gewöhnlicher Abend wird. Langsam beginnst du zu erahnen, dass ein Abend mit einer Frau, deren Gedankengänge gekonnt von jeglichen logischen Schlussfolgerungen abweichen, sehr unterhaltsam, wenn auch leicht herausfordernd sein kann.

Auch wenn du dich nicht in der Tiefe, sondern eher in der flachen Küstenzone der Konversation befindest, bewegen sich die Gespräche auf einer netten, unvorhersehbaren Ebene. Und dann, wie aus dem Nichts, wirft sie ein Kompliment ein: „Du hast wirklich schöne Augen … welche Farbe haben die nochmal?"

Sei ehrlich – so ein Date hat auch seinen Reiz. Wer sonst würde dich daran erinnern, dass die einfachsten Dinge im Leben nicht immer selbstverständlich sind? Oder dir die Gelegenheit geben, mit Fragen wie „Wie viele Länder hat die Schweiz doch gleich?" noch einmal deine Allgemeinbildung auf die Probe zu stellen?

Kaum habt ihr euch in die Speisekarte vertieft, stellt sie mit ernster Miene die Frage aller Fragen: „Was ist denn der Unterschied zwischen Rindfleisch und Steak?" Über deinen perplexen Blick rettest du dich mit einem sanften Lächeln und einer diplomatischen Antwort: „Na ja, Steak ist sozusagen die Luxusversion von Rindfleisch." Hier hilft nur ein Pokerface – sonst wird die Situation zäh.

Für sie war das allerdings das Stichwort, sich als Gourmet zu outen. „Ich liebe französisches Essen, wie Hotdogs und Burger. Die Franzosen wissen echt, wie man lecker kocht!" An diesem Punkt ist klar: Sie hat ihre ganz eigene Vorstellung von kulinarischer Kunst. Ein verständnisvolles „Ja, die französische Küche ist wirklich vielseitig" lässt sie glücklich strahlen – und dich noch tiefer in die faszinierende Welt dieses Dates eintauchen.

Beim Thema Hobbys erwähnst du beiläufig, dass du Schach spielst. Sofort leuchten ihre Augen auf, und sie fragt ernst: „Schach? Ist das dieses Spiel mit den Würfeln, wo man ‚Schach' ruft?" Tief durchatmen! Hier lautet die Strategie: Erkläre das Spiel ohne allzu viele Details und konzentriere dich besonders auf die Beziehung zwischen König und Königin.

Sie erzählt begeistert von ihrem Interesse an Geschichte, besonders der „Dinosaurierzeit, weil das ja irgendwie die Zeit der Pharaonen war, oder?" Du merkst: Jetzt geht's ans Eingemachte. Der Schlüssel zum Erfolg liegt hier in einem bestätigenden Nicken und einem diplomatischen „Ja, die Geschichte ist echt faszinierend!" und vielleicht einem stummen Dank ans Universum für diese grandiose Unterhaltung.

Als du Mozart als einen deiner Lieblingskomponisten erwähnst, nickt sie wissend und kontert: „Der war doch bei den Rolling Stones, oder?" Setze ein versonnenes Lächeln auf und erwidere: „Ganz genau, Mozart – der Rockstar seiner Zeit!", womit du nicht einmal Unrecht hast.

Du erzählst ihr, dass du Mathematik studiert hast, und sie nickt beeindruckt. „Cool! Aber wie konntest du die ganzen Zahlen im Kopf behalten? Hat es lange gedauert, bis du sie auswendig konntest?" In solchen Momenten wird dir klar: Mathe ist nicht für jeden. Lehne dich einfach zurück und lass sie in dem Glauben, dass man Pi tatsächlich Wort für Wort auswendig lernen muss. Warum nicht, ein kleines Geheimnis schadet nie.

Du berichtest ihr von deinem Hobby, Drohnen zu fliegen. Sie schaut dich bewundernd an und möchte wissen: „Und wie bleiben die Dinger eigentlich in der Luft, ohne dass die Schnur reißt?" Ein kurzes „Na ja, das ist halt moderne Technik" beruhigt sie, und du überlässt es ihrer Fantasie, den Schnurverlauf weiterzuverfolgen.

Als du dein Interesse an Astronomie erwähnst, funkeln ihre Augen aufgeregt: „Oh, das klingt romantisch! Sieht man die Sterne tagsüber eigentlich auch, nur halt unsichtbar?" An diesem Punkt erkennst du ihre naturwissenschaftlichen Begabungen. Ein fasziniertes Nicken mit dem Kopf ist an sich ausreichend, um eine solch tiefgreifende Erkenntnis gebührend zu würdigen.

Ihre Augen fallen auf deine Lederjacke und sie fragt: „Ist die echt aus Leder? Ich dachte, das gibt's nur bei Tieren – echt krass. Oder gibt's auch Kunst-Tiere?" In solchen Momenten solltest du mit einem charmanten „Wer weiß, vielleicht bald" antworten und ganz schnell das Thema wechseln – bevor sich das Gespräch in den Weiten der Tierwelt verliert.

Sie erzählt dir freudestrahlend von ihrem Plan, einen Roadtrip nach Italien zu machen, und fragt ernsthaft: „Braucht man dafür einen Reisepass, weil es ja irgendwie doch in Frankreich ist?" Hier wäre es sinnvoll, mit einem freundlichen „Für dich braucht Italien sicher keinen Pass" zu antworten und über ihr Gekicher hinwegzuhören.

Als ihr Blick auf ein Bild von Einstein fällt, das an der Wand hängt, und sie ruft begeistert: „Oh, ist das nicht der Künstler, der die Mona Lisa gemalt hat? Ich liebe seine Werke!" Tief durchatmen. Ein ehrfürchtiges „Ja, ein echter Alleskönner" reicht hier völlig. Schließlich ist das Leben zu kurz für lange Korrekturen.

Als der Kellner die Rechnung bringt, schaut sie dich entschuldigend an und sagt: „Ich habe mein Handy leider im Auto vergessen, aber keine Sorge, ich überweise dir die Rechnung per Bluetooth!" Ein kurzes „Das klingt nach einer brillanten Lösung" bewahrt dich vor Schlimmerem.

Auch die Verabschiedung bleibt unvergesslich. Sie fragt schüchtern: „Du ... meinst du, es gibt eine Chance auf ein zweites Date? Also, nach dem ersten?" und strahlt dich an wie ein Kind, das sein Lieblingskuscheltier wiedersieht. Als du höflich zustimmst, sagt sie euphorisch: „Dann freue ich mich schon auf den zweiten Dienstag mit dir!"

Fazit: Gratuliere dir zum neuen Highscore in der Challenge Geduld und Durchhaltevermögen. Ein Date mit einer Frau, die sich in absehbarer Zeit nicht für die Nobelpreis-Nominierung qualifizieren wird, kann dich Humor in der Absurdität finden lassen. Und sollte auch das nicht funktionieren, dann hast du wenigstens eine gute Geschichte bei einem Bier mit deinen Freunden.

8

EXIT-STRATEGIEN

Sollte es auch diesmal wieder nicht ganz nach Plan laufen, findest du hier ein paar Ausreden, wie du das Date schnell verlassen kannst, damit du nicht zu viel von deiner wertvollen Zeit mit vollkommen unqualifizierten Personen verschwendest. So gelingt ein eleganter Abflug!

Beginnen wir mit Ideen für den perfekten Fluchtplan für den Mann.

Ausreden für Männer

Manchmal weißt du es sofort: Das hier ist nicht dein Traum-Date. Nein, das hier ist ein Flucht-Training. Und weil es keinen automatischen Ausstieg aus der ganzen Sache gibt, brauchst du jetzt sofort einen Plan. Ein missglücktes Date ist eine Herausforderung, daher bedarf es entsprechender Mittel und Ausreden, um selbst die schlimmsten Szenarien souverän zu meistern. Plane sicherheitshalber vor jedem Date deine persönliche Exit-Strategie mit ein. Du könntest eine solche dringend benötigen.

Etwa dann, wenn die Frau, die vor dir sitzt, auf den Fotos anziehend gewirkt hat – und sich die Realität leider anders entschieden hat.

Denn nachdem sie sich dreimal in den Spiegel geschaut und jedes Mal „Oh mein Gott, ich sehe heute richtig gut aus, oder?“ gefragt hat, wird dir klar: Du bist nicht auf einem Date. Du bist in einer Comedy-Show und der Witz bist du.

Leider ziehen Ausreden wie „Ich muss dringend los, meine Geduld ist gerade abgelaufen“, einfach nicht mehr wirklich. Auch der Trick mit der Zwillingsbruder-Verwechslung führt für tolle Männer wie dich nur noch selten zum gewünschten Erfolg: „Oh, das hier war eigentlich ein Date für meinen Zwillingsbruder – wir verwechseln ständig unsere Kalender. Er wird dir sicherlich besser gefallen!“

Meist werden solche Ansagen nämlich als Probe deiner besonderen komödiantischen Fähigkeiten gewertet, womit du dir zwar Komplimente, aber gleichzeitig auch eine weitere Stunde mit deinem Date einhandelst. Daher gibt es hier eine Reihe von todsicheren Tipps und Tricks für einen schnellen und diskreten Abgang.

1. Der Geheimagenten-Einsatz – Operation „Flucht durch die Küche“

Falls es ganz schlimm läuft und du gar nicht weißt, wie du die Kurve kriegen sollst, bleibt immer noch der Secret-Service-Ausgang: „Entschuldige, ich gehe mal kurz zur Toilette.“ Du gehst, und … gehst dann einfach weiter. Falls das Restaurant ein wenig verschachtelt ist, schleiche dich durch die Küche oder suche nach einem Notausgang.

Natürlich ist diese Variante nur für besonders hoffnungslose Fälle reserviert. Doch wenn du merkst, dass dir nichts anderes mehr bleibt, ist der Ninja-Move dein Joker. Mach dir keine Sorgen, das Personal ist an solche Sachen gewöhnt und wird diskret wegsehen.

. . .

2. Fluchtplan aus der Hölle

Wenn du schon gewisse Vorahnungen hast, wie das Date verlaufen könnte, triff erste Vorbereitungen, bevor du überhaupt losgehst. Bitte einen Freund, als dein persönlicher Fluchthelfer zu fungieren. Vereinbart ein SMS-Codewort wie „Hilfe" oder „Ich sitze hier mit einem Exemplar aus der Hölle". Dann ruft er dich genau 20 Minuten nach Date-Beginn an.

Setze ein ernstes Gesicht auf, zieh die Stirn kraus und murmle, während du den Hörer ans Ohr drückst: „Ach nein, das schon wieder. Ich komme sofort!" Danach schaust du sie entschuldigend an und seufzt: „Es tut mir wirklich leid, aber ich muss sofort los – meine Schwester hat schon wieder ihre Bankomatkarte verloren und steht ohne Geld an der Kassa. Du verstehst ..."

Falls sie besonders hartnäckig ist und vorschlägt, mitzukommen, lächle mild und sage: „Du bist wirklich lieb, aber das wird wohl eine emotionale Sache." Dieser Klassiker funktioniert immer und lässt dich wie den hilfsbereiten Bruder erscheinen – perfekt für einen Abgang mit Stil.

3. Plötzlicher Job-Notfall – Dein Chef braucht dich!

Bei Männern ein Klassiker ist der plötzliche Job-Notfall. Einerseits beweist dies deine Unabkömmlichkeit im Beruf – wer wird schon um 20.31 Uhr ins Büro gerufen? – und andererseits eignet sich diese Ausrede besonders gut für jene, die noch einen Anflug von Ehre bewahren wollen: „Mein Chef hat gerade eine SMS geschickt, er braucht ganz dringend die Quartalszahlen für nächste Woche, und ich bin der Einzige, der das Password dafür hat!" Ein tiefes Seufzen dazu und eine großzügige Portion gequälten Lächelns runden den perfekten Ausstieg ab.

Falls sie dann doch noch nachhakt, warum du abends plötzlich arbeiten musst, seufze erneut und sage: „Ja, weißt du, in meinem Job ist das eben so. Ab einer gewissen Position in der Firmenhierarchie ist das ein ungeschriebenes Gesetz. Wir haben rund um die Uhr erreichbar zu sein.“ Wenn du schon länger mit dem Ego kämpfst, weil so einiges nicht ganz nach deinen Vorstellungen läuft, ist dir diesmal große Bewunderung garantiert. Sie wird beeindruckt sein von deinem beruflichen Ethos und Erfolg und dich ohne großes Drama ziehen lassen – natürlich in der jetzt geradezu lodernden Hoffnung auf ein zweites Date.

Voilà – ein Abgang wie aus dem Lehrbuch.

4. Der absolute Ehrlichkeitsknaller – Sag einfach, was du denkst

Bist du mutig? Dann kannst du vielleicht den gewagtesten Exit-Plan aller Zeiten wählen: Du sagst ihr einfach, dass das Date nicht dein Fall ist. „Setze ein freundlich-bedauerndes Lächeln auf und sage mit gedämpfter Stimme: „Es liegt an mir, nicht an dir. Ich glaube, du solltest nach etwas anderem suchen. Du hast etwas Besseres verdient.“

Die meisten Frauen werden damit ganz gut klarkommen und es sogar begrüßen, dass du ehrlich bist. Es ist natürlich die riskanteste Strategie, aber auch die schnellste, direkteste und, für harte Typen wie dich, oft auch die beste Methode.

5. Supermarkt-Trick

Es läuft echt gar nicht mehr. Sie hat dir gerade das fünfte Foto ihrer Katzen gezeigt, inklusive Kostümierungen zu Halloween und Weihnachten, und du merkst, dass du dringend rausmusst. Gut, wenn alle Stricke reißen, gibt es immer noch die „Supermarkt“-Variante.

Bevor das Date tatsächlich eskaliert, sag ihr mit zerstreuter Miene: „Oh, ich habe mich gerade erinnert, dass ich noch was im Supermarkt holen muss, bevor der um 21 Uhr schließt. Ich muss wirklich dringend los.“ Wenn sie insistiert, mitzukommen, um „dich ein Stück zu begleiten“, setz ein gequältes Lächeln auf und sage: „Ich glaube, das ist ein sehr persönlicher Einkauf – ich will dich nicht mit meinen seltsamen Zutaten langweilen!“ Bevor sie noch nachfragt, stehst du schon, nickst freundlich, und ab geht’s in die Freiheit.

6. „Ich habe morgen echt einen wichtigen Termin“-Move

Falls der Supermarkt-Trick nicht zieht, ist der „Ich muss morgen früh raus, weil ich ein wichtiges Meeting habe“-Notfall dein bester Freund. Warte einfach, bis sie dir von den „mystischen Kräften ihres Amethysts“ erzählt, und wirf einen schnellen Blick aufs Handy. Verwandle deinen Gesichtsausdruck plötzlich in eine Mischung aus Schrecken und Pflichtbewusstsein, und sage: „Mist, ich muss morgen um fünf Uhr aufstehen. Wir haben einen Conference-Call mit China. Superwichtig! Und du weißt ja, die Zeitverschiebung.“ Auch wenn es ihr nicht passen sollte und sie ein wenig auf beleidigt tut, muss sie dich gehen lassen. Schließlich bringt man niemanden um den Schlaf, wenn er einen wichtigen beruflichen Termin hat. Und schon bist du raus aus der Sache. Es gibt schließlich Besseres zu erleben!

7. „Oh nein, meine Aura verlangt nach einer Auszeit.“

Wenn dein Date bereits deinen inneren Zen herausfordert, weil sie dir zum dritten Mal erzählt, wie „unglaublich tiefgründig“ ihre Energie ist und dass sie die Existenz des Ozeans spirituell spüren kann, überlegst du dir langsam, ob es noch Hoffnung für diesen Abend gibt. Antwort: Nein. Hier hilft nur noch der geordnete Rückzug.

Oder noch besser: Schlage sie mit ihren eigenen Waffen. Dazu nimmst du einfach deine Aura als Fluchtgrund. Schließe kurz die Augen und sage leise: „Wow, ich spüre gerade, dass meine Aura dringend eine Auszeit braucht. Sie ist … nun ja, sehr sensibel und scheint hier überlastet zu sein.“

Falls sie Näheres wissen will, nicke weise und murmle: „Es ist kompliziert." Für die Extra-Dramatik kannst du noch so tun, als würdest du das „Schwingungsfeld" um dich herum leicht abklopfen. Dann schau konzentriert zur Decke und sag leise: „Oh, ich habe gerade eine astrologische Eingebung. Der Mond ist im Widder – ich sollte heute echt keine Risiken eingehen."

Falls sie verständnislos blickt, füge hinzu: „Widder-Mond-Energie, weißt du? Extrem gefährlich, wenn man sich außerhalb seiner Komfortzone aufhält." Und während sie über diese kosmische Logik nachdenkt, schlüpfst du unbemerkt zur Tür hinaus.

Ausreden für Frauen

Stell dir vor: Du bist auf ein Date gegangen, das du zu Beginn hoffnungsvoll als „vielleicht ganz nett“ eingeschätzt hattest – und stattdessen sitzt du nun in einem kleinen Café und fragst dich, wie schnell du hier wieder verschwinden kannst. Seit fast einer halben Stunde fühlt es sich so an, als würdest du durch ein endloses Labyrinth aus langatmigen Monologen und unsagbar peinlichen Zwischenbemerkungen irren. Der Typ dir gegenüber hat schon dreimal gelacht – über seine eigenen Witze, versteht sich – und gerade als du denkst, es könnte nicht schlimmer werden, fängt er an, dir Fotos seiner Wellensittiche zu zeigen. Einzelporträts, natürlich.

Jetzt ist endgültig klar: Du brauchst eine Exit-Strategie. Aber wie macht man das, ohne dass es aussieht, als würdest du beim Fluchtversuch direkt aus dem Fenster springen? Keine Sorge, hier kommt der Survival-Guide für solche Dates.

1. Der klassische Notfall-Anruf

Beginnen wir mit dem Klassiker: dem „Notfall-Anruf“. Hier ist die Kunst, alles im Vorfeld vorzubereiten. Vereinbare mit deiner besten Freundin, dass sie dich zwanzig Minuten nach Date-Beginn anruft – auf lautlos – und je nachdem, wie das Date verläuft, hebst du ab oder drückst weg. Wenn der Escape-Modus aktiviert wird, dann geht das so:

Setze einen schockierten Gesichtsausdruck auf und flüstere ins Telefon: „WAS? Das darf doch nicht wahr sein! Ja ... ja, ich komme sofort!“ Wirf deinem Date einen entschuldigenden Blick zu und sage: „Das tut mir so leid, meine Cousine ... sie hat sich beim Salsa-Kurs den Knöchel verrenkt! Ich muss sie abholen.“

Bonus-Tipp: Wenn du dich besonders kreativ fühlst, improvisiere. „Meine Schildkröte ist gerade ausgebrochen, ich muss nach Hause!“

Trau dich ruhig – die meisten Leute werden diese Geschichten nicht hinterfragen, sondern froh sein, dass sie sich an diesem regnerischen Novemberabend nicht selbst die Cousine mit dem Salsa-Knöchel oder die ausgebüxte Schildkröte kümmern müssen.

2. Bauchschmerzen

Falls ihr etwas zum Essen bestellt habt, hast du hier die perfekte Möglichkeit, extreme Übelkeit vorzutäuschen. Sage einfach: „Oh, ich glaube, im Essen war irgendwas drin, was bei mir starke Bauchschmerzen auslöst." Lege dann deine Hand dramatisch auf den Bauch und füge hinzu: „Ich glaube, ich fühle mich nicht so gut." Hier kannst du das Ganze noch weiter ausschmücken, indem du dir die Stirn reibst und die Augen schließt.

Alternativ geht auch ein simples „Ups, mir ist plötzlich schlecht geworden." Bauchschmerzen oder leichte Übelkeit sind nicht nachweisbar, und jeder vernünftige Mensch wird dir das als Ausrede sofort abkaufen und dich nicht bedrängen zu bleiben. Schließlich möchte niemand mit einer möglicherweise kranken Person am Tisch sitzen – da sind die meisten Menschen verständnisvoll.

3. Allergie-Schock: Die spontane Reaktion auf eine „falsche" Zutat

Eine ebenso überzeugende und zielführende Variante der Bauchschmerzen-Taktik ist der Allergie-Schock.

Der Mann dir gegenüber hat es geschafft, jede Anekdote in einen monotonen Monolog zu verwandeln. Zeit für ein wenig Drama deinerseits. Sage ganz beiläufig: „Oh, ich hoffe, das Brot ist ohne Sesam. Ich reagiere da ein wenig empfindlich." Dann wartest du auf den perfekten Moment, um deine schauspielerischen Fähigkeiten auszupacken.

Tu so, als ob du plötzlich eine Allergie entwickelt hast. Schaue irritiert auf deinen Teller und sage leise zu dir selbst: „Moment ... war das vielleicht ... Gluten? Oder war's Laktose? Oder ... Hefe?"

Dann beginnst du, ganz unauffällig zu husten. „Oh, ich glaube, da war doch was drin ... ich ... muss ... raus." Ein paar dramatische Atemzüge und vielleicht ein „Oh nein, meine Lippen schwellen an!" sorgen dafür, dass dein Date dich im besten Fall noch bis zur Tür bringt. Optional kannst du mit den Augen zucken und ein theatralisches „Oh nein, ich glaube, ich bekomme schon rote Flecken!" hinzufügen. Keine Sorge, niemand wird nachprüfen, ob du wirklich allergisch bist oder nicht – denn kaum jemand hat Lust, dir eine Stunde dabei zuzusehen, wie du deine „Allergie" auskurierst. Extra-Punkte gibt's, wenn du auf dem Weg nach draußen noch dramatisch „Hoffentlich habe ich mich nicht doch mit dem RSL-Virus (oder sonst einer Buchstabenkombination deiner Wahl) angesteckt!" ausrufst.

4. Familiäres Drama

Familiennotfälle sind immer eine verlässliche Exit-Strategie. Bei Familienangelegenheiten wird selten gefragt, wie dramatisch die Situation tatsächlich ist. Daher funktionieren Familiendramen erstaunlich gut als Exit-Strategie. Dein Date ist kaum zu stoppen bei den Ausführungen über sein faszinierendes Leben als Immobilienberater für Garagen. Jetzt ist die Zeit gekommen.

Greife zum Handy und simuliere eine Nachricht. Dann setze ein ernstes Gesicht auf, seufze leicht und sage: „Oh, ich wollte es dir nicht sagen, aber meine Schwester ... sie steckt in einer schwierigen, energetischen Phase. Es ist kompliziert. Ich muss sofort zu ihr!" Hier ist das Ziel, dass er sich nicht traut, weiter nachzufragen. Fahre daher mit eindringlicher Stimme fort: „Ja, sie braucht mich jetzt wirklich, sie hat immer so schwere Zeiten, wenn die kosmische Energie nicht richtig fließt." Kosmische Energie verwirrt fast jeden und kann ein wenig Angst machen. Ob vor dem Universum oder dir, egal – jedenfalls ein absoluter Erfolgsgarant.

5. Der Haustier-Trick: Unsere treuen Begleiter helfen immer

Haustiere sind fantastisch – auch bei Fluchtstrategien aus missglückten Dates. Gerade, wenn der Typ gegenüber schon das dritte Mal beiläufig von seiner Ex erzählt oder – schlimmer noch – dir seine gesamte Sammlung an „autogrammierten" Fußballbildern zeigen möchte, die er wohlweislich zu eurem Date mitgenommen hat, um dir einen authentischen Einblick in sein Hobby zu geben, wird es Zeit für Plan B: Der Hund braucht dich! Sage deinem Date: „Oh, mein Nachbar schreibt gerade, dass mein Hund total durchdreht … Die Tierpsychologin hat bei ihm vor ein paar Wochen eine mittelschwere Bipolarität diagnostiziert. Ich glaube, mein Hund hat gerade seine manische Phase und ist dabei, die Wohnung umzugestalten."

Falls dir dein Date anbietet, mitzukommen, sage lächelnd: „Oh, das ist lieb, aber er hat diese Phobie vor Fremden. Das würde seine Manie verstärken." So hast du deine Rettungsgeschichte und kannst fliehen. Selbst ohne eigenen Hund funktioniert das: „Der Hund meiner Freundin ist bei mir und dreht gerade durch. Das tut mir so leid, aber ich muss echt schnell los, sorry!"

6. Der berufliche Notfall: Plötzlich wird es stressig im Job

Eine verlässliche Variante auch für Frauen ist der Arbeitsnotfall. Du schickst dir selbst unauffällig eine „wichtige Nachricht", die du bereits vorbereitet hast, und blickst mit ernster Miene auf dein Handy: „Ach Mist, mein Chef möchte, dass ich sofort ins Büro komme. Es ist dieses eine Projekt, dass wir unbedingt noch heute fertigbekommen müssen!" Die meisten Menschen werden nicht daran zweifeln, dass ein echter Job-Notfall vorliegt. Die Kunst hier ist es, verzweifelt genug zu klingen, um glaubhaft zu machen, dass du wirklich keine andere Wahl hast. Ein gequältes Lächeln und das leidenschaftlich gesäuselte „Ich wünschte wirklich, ich könnte bleiben“ reichen meist aus.

Sicherheitshalber füge noch schnell hinzu: „Mein Chef ist gnadenlos – er könnte mich feuern, wenn ich jetzt nicht auftauche. Danke für den netten Abend!“ So schnell wie möglich aufstehen und weg. Falls dein Date vorschlägt, dich zu begleiten, weil er „ja mithelfen könnte“ – wehre das höflich ab: „Zu dritt? Ich glaube, dafür hätte mein Chef wenig Verständnis. Aber danke!“

9

WIE DU EIN DATE PER SMS ABSAGST

Mit diesen Nachrichten bist du bestens ausgerüstet, um ein Date abzusagen. Die Chancen stehen hervorragend, dass dein Date dann von sich aus keinen weiteren Kontakt mehr möchte.

- „Sorry, mein Therapeut sagt, ich soll Dinge meiden, die mich nicht glücklich machen. Heute Abend steht auf dem Plan: Couch, TikTok und Popcorn. Wünsche dir trotzdem viel Spaß!“
- „Tut mir leid, ich übe mich in der Kunst des Alleinseins. Muss warten, bis ich mir selbst auf die Nerven gehe.“
- „Kann nicht kommen. Ich schreibe gerade ein Buch über Prokrastination. Heute Abend ist Deadline ... seit drei Jahren.“
- „Meine Tarotkarten haben mir vorhergesagt, dass ich heute einen wichtigen Lebenspfad alleine gehen muss. Man soll das Schicksal nicht herausfordern.“
- „Leider nein, ich begehe heute den Tag des Nichtstuns. Bin schon total beschäftigt – mit Nichts.“

- „Kann heute nicht, ich bin im intensiven Austausch mit mir selbst und heute behandeln wir ein spannendes Thema."
- „Sorry, aber heute Abend steht die alljährliche Generalversammlung mit meinen verschiedenen Persönlichkeiten an. Könnte hitzig werden. Sie kommen teilweise ganz schlecht miteinander aus."
- „Heute Abend wird nichts. Habe ein Rendezvous mit meiner Geduld – wir arbeiten an unserer Beziehung."
- Muss leider absagen. Habe einen Crashkurs in Gedankenlesen begonnen und deine Gedanken sagen mir, ich sollte besser zu Hause bleiben."
- „Ich muss los, mein zweites Ich hat geht auf eine spirituelle Reise und ich will nicht, dass es sich ohne mich aufmacht."
- „Tut mir leid, hab ein Treffen mit der Vergangenheit. Muss herausfinden, was mein Inneres Kind gerade macht. Vielleicht bauen wir eine Deckenburg."
- „Kann nicht. Mache gerade einen Workshop 'Wie überlebe ich ohne soziale Interaktion'. Heute ist die Abschlussprüfung."
- „Heute wird's nichts. Ich muss zu einer Gedenkfeier für meine verlorene Motivation. Sehr emotional."
- „Meine Kristallkugel hat mir prophezeit, dass ich den heutigen Abend allein verbringen werde. Sie liegt nie falsch!"
- „Mache gerade einen Online-Kurs zur ‚Kunst des Unsichtbarwerdens'. Du wirst mich nicht sehen können."
- „Ich kann leider nicht, meine Pflanzen führen gerade eine Zeremonie zur Fotosynthese durch. Es ist ein heiliger Moment."
- „Leider nein, ich nehme heute Abend an einem Wettbewerb teil: 'Wer schläft zuerst ein?' Ich könnte gewinnen!"
- „Ich muss absagen, ich habe heute ein anderes Date ... mit den neuesten Folgen meiner Lieblingsserie."
- „Kann leider nicht, die Sterne sind heute gefährlich

ausgerichtet. Mein Astrologe sagt, ich sollte lieber meditieren."

- „Uups, mein Kalender sagt, ich bin bis 2035 mit Chillen ausgebucht. Wie sieht's bei dir danach aus?"
- „Hab gerade realisiert, dass ich irgendwie allergisch gegen Dates bin. Schon das Wort lässt mich niesen. Gesundheit geht vor, oder?"
- „Muss unser Date absagen. „Meine Fantasiefreunde aus Kindertagen haben ein Klassentreffen organisiert. Das kann ich unmöglich verpassen!"
- „Tut mir leid, aber ich habe gerade bemerkt, dass ich überhaupt nicht da bin. Das hier ist ein Traum."
- „Entschuldige, ich habe gerade eine Nachricht von meinem zukünftigen Ich bekommen. Es möchte Pläne für die Zukunft besprechen."
- „Ich spüre, dass es an der Zeit ist, meine Aura im Wald zu reinigen. Es ist dringend! Du hast sicher Verständnis."

10

BEZIEHUNGS-ABC

Ihr habt euch gefunden und seid jetzt ein Paar! Jetzt geht es darum, eure Beziehung zu einer glücklichen zu machen. Dabei sind es diese liebevollen, skurrilen und manchmal herausfordernden Momente, die das Zusammenleben so bereichern und unvergesslich machen.

Während ihr gemeinsam durch das Labyrinth des Alltags navigiert, gleicht kein Tag dem anderen. Vieles ist unerwartet, verwirrend, aber alles irgendwie magisch.

Die großen Herausforderungen? Nicht die epischen romantischen Gesten, sondern die kleinen Alltagskämpfe, die Geheimnisse des Badezimmermonopols und die heiklen Fragen rund um die Fernbedienung.

Beziehungs-ABC für Frauen: Überlebenstraining im Alltag der Liebe

Hier sind die goldenen Regeln, um als Frau gelassen und charmant durch die Beziehung zu gleiten.

. . .

1. Das Badezimmer wird zur Spa-Zone

Lege fest, dass das Badezimmer ab 19 Uhr dein heiliger Spa-Bereich ist. Und zwar täglich, wenn du es so willst! Er muss lernen, dass „Ich nehme ein Bad" auf gut Deutsch „Wir sehen uns morgen" bedeutet. Schließ die Tür, dreh die Musik auf und nimm dir deine Zeit. Lass dir nicht einreden, dass das die Wasserkosten sprengt oder deine Haut schrumpelig wird. Es ist dein Spa-Tempel, und du hast dir diese Auszeit verdient.

2. Seine „Kochkünste" – Bereit für kulinarische Abenteuer?

Seine kulinarischen Experimente solltest du nicht zu ernst nehmen. Wenn er dir ein Abendessen zubereitet, geh davon aus, dass „kreativ" eine neue Bedeutung bekommt. Männer kochen oft nach dem Motto „mal sehen, was passiert, wenn alles reinkommt". Das Resultat ist manchmal so wild wie der Name: „Roulette-Ratatouille". Das letzte Mal, als er ein Erdnussbutter-Gurken-Sandwich erfand, warst du nahe dran, ein Abonnement beim Lieferservice zu buchen. Lass ihn probieren und nimm es mit Humor. Er kocht nun mal „experimentell".

Stell dich darauf ein, dass jedes Gericht eine neue Geschmacksreise ist – und halte immer eine Pizza im Gefrierschrank parat, für alle Fälle. Sonst droht dir unter Umständen ein Abendessen, das du nie vergessen wirst, egal, wie sehr du es versuchst."

3. Die Fernbedienung – Zwei Zapper, ein Fernseher? Kein Problem!

Das ewige Ringen um die Fernbedienung kann vermieden werden: Kauf einfach eine zweite. Verteilt euch in verschiedene Zimmer und kommuniziert per WhatsApp. Problem gelöst! Denn mal ehrlich: Ein friedliches Netflix-Erlebnis ist oft die Grundlage für ein glückliches Zusammenleben.

. . .

4. DIY-Projekte – Wenn seine Heimwerker-Ambitionen eskalieren

Er liebt DIY-Projekte, und das ist schön ... bis du merkst, dass bei jedem zweiten Projekt ein Profi nacharbeiten muss. Sei vorbereitet: Speichere die Nummer eines Handwerkers als Favorit.

Wenn „Ich mache das schnell selbst“ in „Ich habe versehentlich das Rohr erwischt“ übergeht, bist du vorbereitet. Schnellwahl und der passende Augenaufschlag sind deine Geheimwaffen.

5. Fitness für Paare – Zumindest auf dem Papier

Paar-Yoga klingt toll – in der Theorie. Die Realität? Zwei verrenkte Rücken, ein paar Atemübungen im Liegen und die Einsicht, dass er und Yoga vielleicht keine besten Freunde werden.

Du hast verstanden: Entspannung ist relativ. Daher bleibt es wohl bei „aktiven Serien-Abenden“ als Kompromiss.

6. Seine Überraschungen – Sei auf alles vorbereitet!

Jedes Mal, wenn er „Ich habe eine Überraschung für dich“ sagt, musst du dich innerlich darauf vorbereiten. Für ihn bedeutet „Überraschung“ nämlich alles von Bungee-Jumping über ein „romantisches“ Campingwochenende im Dauerregen bis hin zu einem Picknick im Januar. Überraschungen? Du liebst sie natürlich. Nur manchmal hättest du gern einen kleinen Vorab-Tipp, denn seine Definitionen von „Überraschung“ kennen keine Grenzen.

7. Die UN-Verhandlungen um das Licht

Die Entscheidung, wer aufsteht, um das Licht auszumachen, fühlt sich an wie eine Verhandlung bei der UN. Es endet meist in einem Patt. Da ist diplomatisches Geschick gefragt.

Meistens führt es dazu, dass keiner aufsteht und ihr mit angeknipstem Licht schlaft. Wenn du hin und wieder Glück hast, gibt er irgendwann auf. Wenn nicht, freuen sich eure Pflanzen über die Beleuchtung.

8. Die Serie der Qual

Bei der gemeinsamen Serie kommen deine diplomatischen Fähigkeiten abermals ins Spiel. Er will Action, du Romantik. Ihr führt daher ernsthafte Verhandlungen darüber, welche Serie als nächstes geschaut wird. Manchmal endet es in einem Kompromiss: Er bekommt die Fernbedienung, du schläfst ein."

9. Die Kleiderschrank-Krise – Dein tägliches Drama

„Was soll ich anziehen?", ist eine Frage, die er nicht beantworten kann, ohne ein Risiko einzugehen. Bringe ihm bei, einfach mit „Du siehst in allem toll aus" zu antworten.

Ein wenig Geduld von ihm und etwas Drama von dir sind alles, was es braucht, damit jeder glücklich das Haus verlässt – und du lernst, dass der Satz „Sieht super aus" Gold wert ist.

10. Der Deko-Kampf – Mach dein Zuhause zu eurem Zuhause

Wohnungsdeko ist eine Kunst, besonders wenn ihr unterschiedliche Geschmäcker habt. Seine Möbel erinnern dich an die späten 90er, und dein Stil ist eher „modern und elegant".

Zusammen habt ihr eine Einrichtung, die – ja, so etwas gibt es wirklich – vom guten Geschmack der IKEA-Filialen träumt und im Endeffekt das Chaos eurer Liebe widerspiegelt. Mit anderen Worten ist eure Wohnungseinrichtung ein Mix aus „moderner Kunst“ und „Was ist das denn?“.

Ihr habt diese Mischung perfektioniert, sodass euch Freunde fragen, ob das Konzept absichtlich so „experimentell“ ist. Ein wenig Toleranz und ein gemeinsamer Kompromiss führen somit oft zu einer „interessanten“ Wohnraumgestaltung. Er nennt euer Wohnumfeld „dynamisch“. Für dich ist es der Beweis für deine große Toleranz gegenüber dem Geschmack von Männern.

11. Urlaubsplanung als Überlebenstraining

Wenn ihr Urlaubsziele plant, mach dich auf das Abenteuer deines Lebens gefasst. Urlaubsplanung kann schnell zu eurem jährlichen „Survival-Training“ werden. Strand oder Berge, Camping oder Luxus – jeder von euch hat seine eigenen Vorstellungen. Wenn es euch gelingt, euch auf einen Urlaub zu einigen, ohne dass einer beschließt, doch lieber zu Hause zu bleiben, könnt ihr fast alles schaffen. Tipp: Überlege dir trotzdem zur Sicherheit ein „Notfall-Ersatz-Ziel“.

12. Snacks = Liebe

Ein guter Rat für dich: Halte deine Snacks stets gut versteckt, aber gib ihm ruhig eine Rippe von deiner Schokolade, wenn es darauf ankommt. Er wird dann wissen, dass Liebe durch den Magen geht – und kein Liebesbekenntnis kann schöner sein, als um Mitternacht ein letztes Schokostückchen zu teilen.

13. Klimakrieg im Schlafzimmer

Ein friedliches Schlafzimmer ist oft eine Frage der Temperatur. Leider neigen Männer dazu, die Raumtemperatur auf „arktisch“ einzustellen, während du gerne tropische Nächte genießt. Hier ist der Trick: Finde einen Mittelweg, indem du ihm die Decke wegnimmst.

Und wenn alle Stricke reißen, häng ein Südpol-Motiv an die Wand, damit er besser durchhält.

14. Staubsaugen als Event:

Wenn er den Staubsauger auspackt und beschließt, das Staubsaugen mit Tanzen zu kombinieren, lass ihn. Es ist absolut unterhaltsam, wie er den Staubsauger als Tanzpartner umarmt und durchs Wohnzimmer wirbelt.

Sieh es als Gratis-Entertainment – und freue dich insgeheim, dass wenigstens irgendjemand Spaß am Putzen hat. Es könnte allerdings durchaus sein, dass jetzt euer Staubsauger traumatisiert ist.

15. Der Sockenfriedhof

Das Mysterium der verlorenen Socken wird auch dich irgendwann heimsuchen. Jedes Mal, wenn er Socken wäscht, verschwindet eine. Männer haben die Gabe, Socken in eine Dimension zu schicken, aus der sie nie mehr wiederkehren.

Gestalte ein „Vermisste-Socken-Board" und gedenkt gemeinsam der verlorenen Einzelstücke. Das bringt Humor ins Spiel und zeigt ihm, dass du Verständnis für dieses Problem aufbringst. Wundere dich aber nicht, dass es schnell eng wird auf der Pinnwand!

16. Die Superkräfte-Diskussion

Das Thema Superkräfte wird immer wieder auf den Tisch kommen. Du findest, die perfekte Superkraft wäre die Fähigkeit, ihn seine Sachen selbst finden zu lassen. Er besteht auf Fliegen. Bleib standhaft!

. . .

17. Die „Gute-Nacht-Geschichte“

Er liest dir abends gerne vor. Leider ist seine Buchauswahl oft das Gegenteil von süß und romantisch – Wirtschaftsbücher, Management-Ratgeber, alles, was bei dir ein lautes Gähnen hervorruft. Nimm es hin, manchmal ist das der schnellste Weg zu einem erholsamen Schlaf.

18. Das Outdoor-Abenteuer

Er liebt Outdoor-Abenteuer und lädt dich ein, die Natur zu erkunden. Bereite dich mental auf Gartenabenteuer vor, die in letzter Minute wegen „Sturmgefahr“ auf die Couch verlagert werden. Am Ende ist die Sofa-Safari doch das beste Abenteuer – viel wilder als erwartet.

19. Filmabende als diplomatische Mission

Filme sind Geschmackssache, und die Kunst des Kompromisses bedeutet manchmal, dass man Action-Romantik-Komödien schaut. Mach es dir gemütlich, lass ihn die Explosionen genießen und nimm die Romantik mit. So habt ihr beide was davon – und das Popcorn schmeckt doppelt gut, wenn beide glücklich sind.

20. Die Puzzleteil-Suche: Eine Lektion in Beziehungs-Teamwork

Willkommen bei der hohen Kunst des Paar-Puzzelns – wo du die Such-Einsätze übernimmst und er sein Talent darin beweist, Puzzleteile auf mysteriöse Weise verschwinden zu lassen. Ihr startet optimistisch mit einem 1000-Teile-Set und einem Glas Wein und nach etwa fünf Minuten merkst du: Das hier wird weniger ein entspanntes Puzzeln und mehr eine Testphase für deine Nerven.

Denn natürlich liegt sein Fokus nicht auf dem Puzzle, sondern auf seiner „Meistertechnik“ des Verlegens. Gefühlt verschwindet jedes zweite Puzzleteil, sobald es in seine Hände gerät. Du hörst ihn noch sagen: „Gib mal den Rand her, ich habe da so 'ne Idee ...“ – und zwei Minuten später sitzt du da und suchst das ominöse Randteil, das ganz plötzlich wie im Bermuda-Dreieck verschollen ist.

Jetzt beginnt deine Mission: Teil um Teil suchen, sortieren, und dabei die Frage verdrängen, wie man so viele Einzelteile verlieren kann, ohne das Sofa zu verlassen. Die Realität? Er wirft dir zwischendurch diesen unschuldigen „Weiß auch nicht, wohin das schon wieder verschwunden ist“-Blick zu, während du dich akribisch auf den Boden kauerst und unter das Sofa krabbelst.

Weil, na klar, einer muss ja den Überblick behalten – und das gelingt eindeutig nur dir. Schließlich lässt du in stoischer Ruhe jedes noch so kleine Eckstück wieder auftauchen. Das Ergebnis? Teamwork in Perfektion – und die romantische Erkenntnis, dass die wahre Liebe im Chaos des Puzzelns ihren besten Ausdruck findet.

Beziehungs-ABC für Männer: Eine Anleitung zum Überleben und Genießen im täglichen Liebeschaos

Du denkst, die großen Momente machen eine Beziehung aus? Falsch gedacht, mein Freund. Die wahre Kunst liegt darin, die kleinen Alltagskämpfe mit Humor zu meistern, ohne dein letztes Stück Männlichkeit zu verlieren. Hier sind die goldenen Regeln für das Beziehungsleben – aus männlicher Sicht und mit maximalem Augenzwinkern!

1. Der Kleiderschrank-Grenzkonflikt

Wenn du glaubst, dein Kleiderschrank bleibt dein Territorium, liegst du gewaltig daneben. Sie hat ihren Teil längst über deine Grenze hinaus erweitert, und du fragst dich bald, ob du ein Visum beantragen musst, um deine eigenen Hemden zu besuchen. Pro-Tipp: Sichere dir zumindest eine kleine Ecke und bewache sie wie ein Löwe. Oder verstecke dein Lieblingsshirt in einer Tasche – so kommst du schneller dran.

2. Die Deko-Diskussionen – Die Wohnung als Minenfeld

Euer Zuhause ist ein Mix aus „moderner Kunst" und „Garagenverkauf" – und so soll es bleiben. „Wir müssen über die Deko reden" ist der Satz, der dich aufschrecken lässt, weil du weißt: Es geht um alles oder nichts. Bereite dich innerlich darauf vor, deine Lieblingsfahne mit dem Logo deiner Mannschaft in Sicherheit zu bringen und tapfer „Ja, Schatz" zu sagen. In Verhandlungen über neue Deko-Gegenstände geht es um Kompromisse. Gib nach, solange dein Lieblingssessel seinen Platz behalten darf. Immerhin musst auch du irgendwo deinen Rückzugsort haben!

Und denk daran: Hauptsache, dein Tisch bleibt verschont und genießt weiterhin Asyl.

3. Das Badezimmer als Beauty-Salon

Die Wahrheit über das Badezimmer? Es ist längst kein gemeinsames Reich mehr, sondern eine Art Spa oder Beauty-Salon für sie und ihre Sammlung mysteriöser Schönheitsprodukte. Du hast gelernt, rechtzeitig einen „Termin" zu buchen, um die Dusche zu benutzen. Spoiler: Abends, ab 19 Uhr ist das Bad für dich so unerreichbar wie der heilige Gral.

4. Die Essens-Auswahl-Zeremonie

Die Auswahl fürs Abendessen ist bei ihr eine ernste Angelegenheit, ein Ritual, das man fast religiös nennen könnte. Du schlägst Burger vor, und sie zieht die Augenbraue hoch.

Plan B: Sag einfach „Worauf hast du Lust?" und genieße die Show. Sie überlegt sich das Menü fünf Minuten lang, während du schweigend wartest – und am Ende doch Burger bestellst.

5. Die „Wir müssen reden"-Momente

Oh, die gefürchteten Worte „Wir müssen reden". Ab jetzt bereite dich innerlich auf ein Gespräch vor, das alles umfassen kann – von der Farbe der Handtücher bis zur Existenz außerirdischen Lebens.

Höre aufmerksam zu, nicke verständnisvoll und reagiere mit den richtigen Geräuschen („Hmm" und „Ach so!" sind beliebt). Es kommt nicht darauf an, ob du verstehst, worum es geht, nur dass du anwesend bist und interessiert wirkst.

. . .

6. Das Serien-Binge-Watching-Abkommen

Ihr habt geschworen, jede Serie zusammen zu schauen. Aber du bist schwach geworden und hast alleine weitergeguckt. Tja, Pech gehabt – willkommen im Zeugenschutzprogramm! Leugnen bringt jetzt nichts mehr. Bekenne dich schuldig, biete an, eine Folge ihrer Wahl nachzuholen und versuche, das nächste Mal standhaft zu bleiben.

7. Die Ladekabel-Leihgabe

Ladekabel sind wie Socken: Sie verschwinden mysteriös. Deine Kabel haben eine neue Heimat gefunden – in ihrem Reich. Falls du eins brauchst, stell dich auf eine lange Suche ein oder fordere Lösegeld in Form von extra Küsschen. Oder verknote die Kabel zu einem Muster, das nur du verstehst – sie wird entnervt aufgeben.

8. Der Kampf um die Bettdecke

Jede Nacht beginnt wie eine harmlose Friedenskonferenz. Man wünscht sich gute Nacht, vielleicht ein wenig Kuscheln, alles läuft in geordneten Bahnen. Doch kaum sind die Lichter aus, beginnt die Schlacht um die Bettdecke. Und in der Dunkelheit gibt es kein „Wir" mehr, nur noch Überlebenskampf.

Erst einmal gilt es zu verstehen, dass Frauen eine besondere Technik entwickelt haben, die Bettdecke in Millisekunden für sich zu beanspruchen. Es beginnt oft subtil: Ein kleines Ziehen, ein vermeintlich harmloses Drehen – und plötzlich bist du draußen, frierend und bettdeckenlos, wie ein arktischer Nomade auf der Suche nach Wärme. Deine 50 % der Bettdecke? Schon längst in ihrem Territorium verschwunden.

Natürlich denkst du dir „Jetzt hole ich mir das Ding zurück!" Doch diese Decke scheint sich regelrecht um sie gewickelt zu haben. Ein vorsichtiger Versuch von dir, ein wenig von der Decke zu erhaschen, und sie murmelt schlaftrunken ein „Heyyy" – das internationale Signal für „Wage es nicht, sonst bist du heute Nacht auf der Couch". Dein nächster Gedanke? Eine Decken-Verhandlungsstrategie.

Jede Nacht endet damit, dass du auf deinem kleinen Stück Stoff balancierst, sorgfältig arrangiert, damit zumindest ein Arm warm bleibt. Am nächsten Morgen lächelst du freundlich, wenn sie fragt, ob dir nachts auch „so heiß" war. Tja, Beziehungen bestehen aus Kompromissen ...

9. Das Haarpflege-Quiz im Badezimmer:

Falls du dachtest, eine Duschgel-Shampoo-Kombi sei die einzige Ausrüstung, die du brauchst, um gepflegt zu erscheinen, dann ist deine Beziehung der ultimative Reality-Check. Denn sie hat das Badezimmer in ein Haarpflege-Museum verwandelt, in dem jedes Fläschchen eine eigene Existenzberechtigung hat.

Morgens stehst du da, umgeben von Flaschen in allen Farben des Regenbogens, und stellst dir die Frage: Was zur Hölle ist das alles? Da gibt's „Volumenschaum", „Feuchtigkeitsboost", „Conditioner" und irgendwas, das sich „Intensivkur" nennt und geheimnisvoll aussieht. Jedes Mal denkst du: Na ja, das wird doch wohl alles einfach irgendeine Art von Shampoo sein, oder? Lass dir gesagt sein: Nein.

Also beginnst du das tägliche Haarpflege-Quiz: Du greifst zu einer pinken Flasche mit dem Namen „Magic Restore Elixier" und denkst dir: „Klingt nach Shampoo, wird schon passen". Ein prüfender Blick von ihr und du hast gelernt: Das Zeug war für „spitzengefährdete Haarenden" – und die sind zufällig nur ihre, niemals deine. Bisheriger Punktestand? 1:50. Bis heute kennst du nur das Shampoo. Die Quizrunde geht weiter.

Dein wichtigster Überlebenstipp? Lass die Finger von allem, was „Intensivkur" im Namen trägt. Dieses Zeug ist der heilige Gral der Haarprodukte, und wenn du es missbräuchlich verwendest, riskierst du eine Lektion über „Pflege-Rituale“, die du nie wieder vergisst. Also merk dir: Im Haarpflege-Dschungel ist Wissen Macht – oder zumindest eine Garantie dafür, dass du das Badezimmer auch morgen noch betreten darfst.

10. Die Zahnpastatuben-Diplomatie: Ein Crashkurs für das Zusammenleben

Du dachtest, Zahnpasta ist einfach Zahnpasta? Falsch gedacht. In einer Beziehung wird die Zahnpastatube zum ultimativen Schlachtfeld der subtilen Kommunikation. Du hast vielleicht die naive Vorstellung, die Tube einfach irgendwo in der Mitte zu drücken und das Leben zu genießen. Aber dann tritt sie auf den Plan und macht dir klar: Die Zahnpastatube ist kein banales Hygieneprodukt, sondern ein Symbol für ihre tiefsten inneren Überzeugungen von Ordnung.

Jeden Morgen das gleiche Spiel: Du siehst, wie sie die Tube fein säuberlich vom unteren Ende her aufrollt. Kein Tropfen soll verloren gehen, und wehe dir, wenn du die Tube in diesem fast leeren Zustand wieder irgendwo in der Mitte quetschst! Was folgt, ist kein direkter Kommentar, sondern eine stumme, aber absolut durchdringende Nachricht, bei der du dich fragst: „Wie kann ein so kleiner Gegenstand so viel Spannung aufbauen?“

Also denkst du dir: „Challenge accepted.“ Deine Antwort? Der offene Deckel. Du lässt ihn einfach auf der Tube stehen, im Wissen, dass sie ihn am nächsten Morgen bemerkt und die Stirn runzelt. Das hier ist kein Zufall mehr – das ist ein Kommunikationsmittel, ein stilles „Ich bin hier, um ein Zeichen zu setzen!“ Ja, du hast gelernt, dass die Art, wie sie die Zahnpastatube quetscht, eine Form der Kommunikation ist. Und du antwortest, indem du den Deckel offen lässt.

Das Beste daran? Diese Zahnpastatuben-Diplomatie geht ohne ein einziges Wort. Kein Streit, kein Meckern, einfach nur eure ganz eigene kleine Art, zu sagen: „Hier bin ich, und ich respektiere, dass du ein wenig verrückt bist. Solange du meine Normalität akzeptierst." Und so wird die Tube jeden Tag zum kleinen, aber bedeutungsvollen Schlachtfeld. Wer hätte gedacht, dass eine Tube Zahnpasta die Grundlage für das komplexeste und stillste Beziehungsritual deines Lebens werden würde?

11. Die sanfte Weck-Funktion

Ihre Methode des „sanften Weckens" könnte glatt aus einem Survival-Handbuch stammen. Gelegentlich beinhaltet sie kaltes Wasser oder eine Serie von liebevollen Rufen (die an Schreie erinnern). Ihr Argument? „Ich wollte dich nur sanft wecken!" Genieße es – oder drehe am Abend zuvor vorsichtshalber den Haupthahn ab.

12. Die Spontanitätstests

Manchmal werden deine Flexibilität und dein Sinn für Abenteuer auf eine harte Probe gestellt. „Lass uns jetzt sofort einen Cupcake-Backmarathon starten!" – um Mitternacht. Halte dir immer vor Augen: Spontaneität ist die Würze der Beziehung, auch wenn du dafür morgen früh müde zur Arbeit schleichen musst. Wer braucht schon Schlaf? Der wird doch total überschätzt.

13. Kreativ-Workshops am Wochenende

Das Wochenende – früher ein Synonym für Füße hochlegen, die Fußballübertragung einschalten und die Sorgen der Woche vergessen. Doch nun hat es eine neue Bedeutung bekommen: Angesagt sind „Kreativ-Workshops". Denn sie hat beschlossen, dass euer Wochenende nicht zum Chillen da ist, sondern zur Entfaltung eurer „künstlerischen Potenziale".

Samstagmorgen, 9 Uhr. Du schlurfst im Halbschlaf in die Küche, und da ist sie schon, mit einem Pinsel in der Hand und einem Ausdruck reiner Freude. „Wir machen heute einen Töpfer-Workshop!“, sagt sie, als hätte sie gerade die beste Idee des Jahrhunderts verkündet. Und während du noch überlegst, ob das ein Codewort für „Frühstück“ sein könnte, sitzt du schon im Auto auf der Fahrt in den Kurs. Wenn du gewusst hättest, dass das auf deinem Beziehungs-Fahrplan steht, hättest du dir früher im Kunstunterricht mehr Mühe gegeben.

Am Sonntag steht ein „Malen nach Gefühl“-Kurs auf dem Programm. Die Idee: Kein Plan, kein Konzept, einfach nur Emotionen auf die Leinwand zu bringen. Sie meint, das wäre total befreiend und verbindet euch als Paar auf spiritueller Ebene. Dein Gemälde sieht am Ende aus wie das Werk eines schlecht gelaunten Vorschulkindes – aber sie nickt anerkennend und sagt, das wäre „authentisch“. Na also, Mission erfolgreich.

Am nächsten Wochenende? Auch da gibt es natürlich eine kreative Aktivität. „Mikro-Macramé für Anfänger“, weil du angeblich „Fingerfertigkeit“ entwickeln sollst. Um ehrlich zu sein, waren die einzigen Finger, die zum Einsatz kamen, die, die du verzweifelt zum Entknoten der Schnüre benutzt hast. Doch auch das wurde positiv als „Wachstumsprozess“ verbucht.

Lange Rede, kurzer Sinn: Die „Kreativ-Workshops“ am Wochenende sind das heimliche Ninja-Training der Beziehung. Sie testen deine Geduld, fördern deine (nicht existenten) künstlerischen Talente und lehren dich vor allem eines: wie man am besten zustimmt, während man sich innerlich in eine Kartoffel verwandelt. Und wer weiß, vielleicht entdeckst du dabei sogar ein Talent – oder zumindest eine bessere Strategie, um in der kommenden Woche sonntags zum Fußball zu flüchten.

14. Survival-Tipps für das Leben mit der Katze im Haus

Du denkst, eine Beziehung ist nur eine Verbindung zwischen zwei Menschen? Falsch gedacht. Wenn du mit einer Katzenliebhaberin zusammen bist, hast du automatisch ein vollwertiges, kleines Familienmitglied mit im Programm, das nicht nur „ab und zu schnurrt", sondern im heimischen Königreich das absolute Sagen hat. Denn der wahre Chef im Haus hat vier Pfoten, einen Schwanz und schaut dich an, als hätte er über dich zu urteilen.

Schnell lernst du, dass „Miau" nicht einfach „Miau" bedeutet. Sie behauptet, fließend die Katzensprache zu sprechen und kann dir erklären, dass das „Miau" um 6 Uhr morgens ein „Bring mir Frühstück" und das „Miau" um 6:15 Uhr ein „Ich meinte JETZT, Mensch!" ist. Und ja, sie erwartet, dass du dieses Level an Katzendiplomatie innerhalb der ersten Wochen auch drauf hast.

Dann stehst du da, und versuchst mit hängendem Kopf gelegentlich ein halbherziges „Miau" zurückzugeben, in der Hoffnung, dass die Katze und deine bessere Hälfte deinen Einsatz zu schätzen wissen. Spoiler: Die Katze sieht dich an, als hättest du in ihrer Muttersprache gerade ihren Vater beleidigt. Aber du hast es versucht, und das sollte zählen.

Endlich verstehst du das Live-Feedback auf deine Streichelkompetenzen. Die Katze ist zu einer Art Mini-Coach geworden, der dir durch Blicke und mahnende „Miaus" zu verstehen gibt, dass du anscheinend noch Potenzial hast. Das Leben eines Zweite-Klasse-Bewohners im Katzenterritorium ist eben hart.

15. Abendrituale voller Diskussionen

Du liegst abends gemütlich im Bett, die Decke über den Füßen, und freust dich auf ein wenig Ruhe. Denkste! Sobald du das Licht ausschaltest, geht es erst richtig los. Denn jetzt kommt das Abendritual, das sie liebevoll „Gedanken teilen" nennt. Kaum liegt ihr da, stellt sie dir Fragen, die selbst Einstein nochmal ins Grübeln bringen würden.

„Warum gibt's eigentlich Einhörner nur in Märchen? Meinst du, sie sind ausgestorben oder einfach gut im Verstecken?" und du denkst dir: „Oh ja, jetzt geht's los". Dann wirfst du einen kurzen Blick an die Decke und überlegst, dass die Wahrheit irgendwo da draußen sein muss. Vielleicht in den Tiefen von Google, wer weiß. Aber du lernst schnell: In Beziehungen geht es nicht darum, die Antworten zu wissen, sondern darum, die Fragen zu stellen. So oder so liegst du da und hörst zu, nur leicht verstimmt über diese galaktischen Gedankenspiele zu später Stunde. Und du lernst nebenbei, dass die wirklich wichtigen Fragen des Lebens ohne KI kaum beantwortbar sind.

16. Die Smoothie-Experimente

Falls du dachtest, Smoothies wären eine simple Angelegenheit – Obst rein, Mixer an, fertig – willkommen in der Realität. In eurer Beziehung sind Smoothies ein Abenteuer für die Sinne, und manchmal sogar eine Reise in unbekannte Geschmackswelten. Sie testet begeistert alle Rezeptideen aus dem Internet: Ob Sellerie-Blaubeere mit „einem Hauch Ingwer" oder Avocado-Matcha-Spinat-Smoothie mit einem Spritzer Lavendelöl – du weißt nie, was dich erwartet.

Einmal nimmst du einen Schluck und denkst: „Hey, das schmeckt gar nicht so übel! Fast wie ein Liebestrank!" Ein anderes Mal ... nun, da hat das Getränk eine gewisse Nähe zur Zaubertrank-Klasse „Bubbling Green Disaster". Aber du trinkst es tapfer und nickst anerkennend. In diesen Momenten hilft ein kleines, aufrichtiges Lächeln, um die Botschaft zu senden: „Ja, Schatz, das ist ... einzigartig!"

Am Ende ist es nicht der Geschmack, der zählt, sondern die Solidarität. Du bist ein echter Held, der mutig trinkt, was auch immer im Mixer landet. Und das verleiht eurer Beziehung wahre Superkraft.

17. Die Fernsehserien-Falle

Willkommen in der Serienwelt! Was mit einer Folge begann, hat dich in eine Sucht befördert. Du fragst dich, wie du je ohne diese Dosis Drama leben konntest und bist jetzt genauso neugierig, was mit dem

„blonden Typen“ und der „blöden Ex“ passiert. Tja, Männer und ihre neuen Leidenschaften.

In einer Beziehung zu navigieren, ist nicht einfach – aber mit diesen goldenen Regeln bist du bestens gerüstet. Sei flexibel, lerne die Sprache der Katze und stell dich allen künstlerischen Herausforderungen.

11

DAS NERVT …

Damit ihr euch besser kennenlernt, gesteht einander ein, was euch so richtig nervt. Vielleicht habt ihr viel mehr gemeinsam, als ihr vermuten würdet.

Anbei ein paar gedankliche Anregungen:

- Die Warteschleife, die dich eine halbe Stunde lang mit nervtötender Musik quält und letztlich einfach so auflegt
- Die Jugendlichen, die unbedingt gefährlich wirken wollen, und es irgendwie auch tun
- Das WLAN, das immer dann ausfällt, wenn du am Ende eines spannenden Films oder mitten in einer wichtigen Videokonferenz bist
- Die Autokorrektur, die aus deinen ernst gemeinten Nachrichten peinliche oder absurd komische Texte zaubert
- Die Batterie im Rauchmelder, die nur mitten in der Nacht piepst, vermutlich um dich an ihre Existenz zu erinnern

- Das eine Stück Lego auf dem Fußboden, das nur darauf wartet, im Dunkeln von deinem nackten Fuß gefunden zu werden
- Die Person vor dir in der Supermarktschlange, die einen Gutschein für jedes einzelne Produkt zu haben scheint und dann mit Kleingeld bezahlt
- Der Drucker, der immer dann „Papierstau“ meldet oder eine neue Druckerpatrone benötigt, wenn du wirklich dringend etwas ausdrucken musst
- Die Avocado, die mit einer Geschwindigkeit von „fast roh“ zu „vollkommen überreif“ wechselt, die dich gerade dreimal blinzeln lässt
- Die Mücke an der Decke, die genau dann verschwindet, wenn du mit dem Besen bewaffnet zurückkommst
- Die Verpackung, die angeblich „leicht zu öffnen“ ist, aber in Wahrheit einen Abschluss in Ingenieurwissenschaften erfordert
- Die Person, die in der Bibliothek oder im Zug lautstark mit ihrem Handy telefoniert und dir unfreiwillig ihr ganzes Leben offenbart
- Das Kabelsalat-Monster, das hinter deinem Schreibtisch lebt und nur darauf wartet, dass du versuchst, eines der Kabel zu befreien
- Der Kühlschrank, der mitten in der Nacht Geräusche macht, die dich glauben lassen, dass deine Küche von Poltergeistern heimgesucht wird
- Der USB-Stick, der sich beim ersten Versuch nie einstecken lässt, dich beim Umdrehen verspottet und dann beim zweiten Anlauf plötzlich doch in die erste Buchse passt
- Die Socke, die aus der Waschmaschine ausgebrochen ist und jetzt irgendwo ein neues Leben anfängt
- Die Hausschuhe, die immer dann ein Versteckspiel starten, wenn du sie morgens im Halbschlaf am dringendsten brauchst

- Das GPS, das dich mit sanfter Stimme in die Einöde führt und dann fragt, ob du im Fluss weiterfahren möchtest, als wäre dies eine völlig normale Route in die nächste Stadt
- Die Zimmerpflanze, die trotz deiner liebevollen Pflege und Zuneigung beschließt, einen dramatischen Abgang im Stil einer Shakespeare-Tragödie hinzulegen
- Die Mikrowelle, die entscheidet, dass „gleichmäßig erwärmt“ eigentlich „lavaheiße Ränder mit eiskaltem Zentrum“ bedeutet – ein wahrhaft kulinarisches Experiment

12

BEZIEHUNGSQUIZ

1. Wenn ihr beide versucht zu kochen und am Ende das Feuerwehrteam zu euren häufigsten Gästen zählt,

- A) ist das ein kulinarisches Abenteuer!
- B) ist das auf das Rezept zurückzuführen, das so im Internet stand.
- C) bringt das wenigstens ein wenig Action in der Küche.

2. Wenn „Dekorieren“ bedeutet, dass seine Sporttrophäen neben deinen Duftkerzen stehen, heißt das

- A) einzigartige Stilkombination!
- B) wahre Liebe kennt keine Deko-Grenzen.
- C) diese Wohnung hat jetzt echt Charakter.

3. Der Müll rauszubringen wird bei euch

- A) zum Wettbewerb im Ignorieren.
- B) eine Mission – vorwiegend, wenn der Sack platzt.

- C) zum Diplomatie-Duell – „Ich habe ihn letztes Mal rausgebracht".

4. Eure Definition von „Sauberkeit" ist so unterschiedlich, dass ihr

- A) vermutet, in Parallelwelten zu leben.
- B) euch beide als „Putz-Rebellen" betrachtet.
- C) den Zustand eurer Wohnung als „Work in Progress" definiert.

5. Wenn er behauptet, handwerklich begabt zu sein, endet es oft mit

- A) „moderner Kunst" wie schiefen Gardinenstangen.
- B) einem Regal, das angeblich „absichtlich so" aussieht.
- C) einem Anruf bei echten Handwerkern.

6. Ihre „gesunden" Snacks verwandeln eure Küche in

- A) ein grün-braunes Farblabor.
- B) eine Experimentierzone für „ungewöhnliche" Aromen.
- C) eine Challenge für echte Feinschmecker.

7. Wenn „gemeinsame Zeit verbringen" bedeutet, dass ihr beide im selben Raum auf eure Handys starrt, dann

- A) ist das moderne Romantik pur!
- B) ist Nähe eben relativ.
- C) nennt ihr das eure „Quality Time".

8. Seine „nützlichen" Haushaltstipps haben oft zur Folge, dass

- A) ihr einen Comedyabend daraus macht.
- B) du sein „Wissen" einfach ignorierst.
- C) das Chaos perfektioniert wird.

9. Putzen endet bei euch darin, dass

- A) du zwei Stunden später alles alleine nochmal machst.
- B) er stolz ist – und du dann doch noch nachputzt.
- C) beide zufrieden sind, aber die Wohnung noch immer nicht sauber ist.

10. Eure Diskussionen über Autofahren enden meist damit, dass

- A) Google Maps Schiedsrichter spielen muss.
- B) ihr nie wieder zusammen auf einen Roadtrip geht.
- C) ihr euch einig seid, dass keiner wirklich gut fährt.

11. Euer Abendessen ist am besten, wenn

- A) die Tiefkühlpizza heiß serviert wird.
- B) die Mikrowelle keine weiteren Überraschungen liefert.
- C) der Lieferservice zuverlässig erscheint.

12. Die Überraschungen, die er/sie plant, sind so vorhersehbar, dass

- A) du die „Überraschungsreaktion" mittlerweile perfektioniert hast.
- B) du das Geschenkpapier schon passend vorab kaufst.
- C) es schon fast wieder romantisch ist.

13. Wenn „Zusammen einkaufen gehen" für euch ein Survival-Training bedeutet, dann

- A) stellt ihr euch innerlich auf Notfallkommunikation ein.
- B) bereitet ihr euch wie auf eine Marsmission vor.
- C) seid ihr sicher, dass das eure Beziehung stärkt.

14. Euer „Kompromiss" beim gemeinsamen Einrichten der Wohnung sieht so aus, dass

- A) jeder Raum in eine Identitätskrise schlittert.
- B) ihr euch einig seid, dass Uneinigkeit Stil hat.
- C) die Wohnung in jeder Ecke Überraschungen bereithält.

15. Eure „Sparmaßnahmen" führen dazu, dass ihr am Ende des Monats

- A) Nudeln in 35 Variationen kennt – alle ohne Soße.
- B) die Heizung runterdreht und euch stattdessen in eine Kuscheldecke hüllt.
- C) hofft, bei seinem Bruder kreative Lösungen für „Basic Cooking" testen zu dürfen.

16. Wenn er sagt, er kümmert sich um die Pflanzen, findest du sie

- A) im Schutzprogramm für vernachlässigte Gewächse.
- B) vertrocknet auf dem Balkon.
- C) bei seiner Mutter, die sich liebevoll um sie kümmert.

17. Die romantischen Geschenke, die er/sie macht, sehen oft aus,

- A) als würden sie jemandem anderen eine Riesenfreude bereiten.
- B) wie Dinge, die eigentlich gar kein Geschenk sein sollten.
- C) wie etwas, das er/sie sich schon immer für sich selbst gewünscht hat.

18. Wenn er/sie dir den letzten Keks überlässt,

- A) ist das das wahre Zeichen der Zuneigung.
- B) heißt das, dass ihr nächstes Mal bessere Kekse kaufen solltet.

- **C)** weiß er/sie, dass wahre Liebe Opfer erfordert.

19. Eure „intimen" Momente bestehen darin, gemeinsam

- **A)** die Steuererklärung zu machen (Nichts bringt Paare enger zusammen als das Finanzamt).
- **B)** am Sofa zu hängen und eine Serie so lange anzusehen, bis Netflix anfragt, ob ihr noch am Leben seid.
- **C)** endlich die Wohnung aufzuräumen.

20. Wenn unerwartet Gäste kommen und ihr noch schnell aufräumen müsst, wird

- **A)** alles in den Schrank gestopft.
- **B)** alles unter das Bett geschoben.
- **C)** die Unordnung belassen und auf Feng Shui verwiesen, wo nur im Chaos der Flow der Dinge möglich ist.

21. Wenn ihr beschließt, gesund zu essen,

- **A)** ist das das geheime Codewort für „Ich bestelle beim schnellsten Lieferservice".
- **B)** führt das dazu, dass ihr euch fragt, ob das Ablaufdatum auf der Packung ein Scherz ist.
- **C)** ist es ein voller Erfolg, wenn das Dosengulasch nicht verbrennt.

22. Ein romantischer Urlaub

- **A)** bedeutet drei Mal täglich das Buffet leer zu essen – für die „allumfassende kulinarische Erfahrung" (Schließlich wollt ihr ja wirklich in die Kultur eintauchen, und zwar einen Bissen nach dem anderen).
- **B)** ist in Abenteuer, bei dem ihr gemeinsam herausfindet,

dass „völlige Abgeschiedenheit" bedeutet, kein WLAN zu haben.

- C) ist eine Mission, bei der ihr versucht, all die Dinge zu unternehmen, die ihr eigentlich im Alltag nie machen würdet (z. B. Sonnenaufgangswanderungen ab 4.00 Uhr morgens, auszutesten, wie lange man in einem winzigen Hotelzimmer ohne fließendes Wasser überleben kann oder gemeinsames Verirren in malerischen Gässchen ohne GPS)

23. Ein Konflikt ist zu lösen. Wie gelingt euch das am besten?

- A) Einer schreit, der andere nickt. Oder umgekehrt.
- B) Konflikt? Ihr dachtet, das ist euer Vorspiel.
- C) Einer versteckt sich im Schrank und der andere weckt ihn, wenn alles vorbei ist.
- D) Ihr lasst das Schicksal entscheiden – mit einer Runde „Schere, Stein, Papier".

Lösung)

Was für eine Lösung? Egal, wie oft du A, B oder C angekreuzt hast – am Ende läuft es auf das Gleiche hinaus. Das Quiz soll liebevoll die skurrilen und manchmal absurd komischen Seiten aufzeigen, die das Leben zu zweit so einzigartig und unvergesslich machen. Die Liebe ist ein absolutes Abenteuer, und ihr seid beide mittendrin!

Entweder seid ihr frisch verliebt, fast noch in der Honeymoon-Phase oder ihr habt ein beachtliches Talent, die kleinen Eigenheiten des anderen gekonnt zu ignorieren. In jedem Fall: viel Spaß im Paradies! Genießt diese Phase, in der die schiefe Gardinenstange „irgendwie süß" ist und an 23 Tagen Nudeln als Hauptgericht im Monat kein Drama sind.

Eure Beziehung hat echtes Entertainment-Potenzial! Und das wahre Erfolgsgeheimnis ist: Wer im Alltag über Kleinigkeiten lachen kann, hat das echte Glück schon gefunden.

Mal sehen, wie lange das anhält ...

13

DIE LIEBE FAMILIE

Alle Familienmitglieder sind einzigartig und fügen dem bunten Familienchaos ihren eigenen, besonderen Charme hinzu. Ob man will oder nicht, jede Familie ist eine Mischung aus Comedy, Drama und einer Prise Chaos – und genau das macht es so schön, oder?

SEINE MUTTER, DIE MEISTERIN DER SORGE UND FAMILIENLOGISTIK

Seine Mutter ist ein wahres Organisationstalent – die Königin der Planung, der Vorfreude und der unnötigen Sorgen. Sie hat für jede Situation eine Lösung parat (und für alle anderen Fälle eine Reisetasche voller Pflaster, Kopfschmerztabletten und Snacks).

Sie ist außerdem die Meisterin der medizinischen Ferndiagnosen. Egal, was dir fehlt – Rückenschmerzen, Müdigkeit, ein Kratzen im Hals – sie hat immer eine passende Theorie dazu. Ihre Lieblingsempfehlung? „Du trinkst bestimmt zu wenig! Trink doch mal ein Glas Wasser!“ Wenn das nicht hilft, hat sie ein uraltes Hausmittel parat, „das schon ihr als Kind immer geholfen hat“.

Während des Familienessens sorgt sie dafür, dass jeder mindestens einmal Nachschlag nimmt. „Ach komm, noch ein kleines Bisschen! Du siehst aus, als könntest du ein wenig mehr vertragen!" Ein Teller ohne etwas drauf gilt in ihren Augen als persönliche Beleidigung, und sie schaut dich so lange fragend an, bis du zumindest einen weiteren Löffel nimmst. Sie sorgt sich außerdem darum, dass auch keiner „unterzuckert" den Tisch verlässt – und bietet daher immer opulente Desserts an.

Ihre besorgte Seite zeigt sich auch in der WhatsApp-Gruppe: „Hast du gut gegessen?" oder „Geh nicht so spät schlafen!" – Diese Nachrichten kommen regelmäßig und mit unerschöpflicher Geduld. Wenn er dann einmal nicht sofort antwortet, geht die Alarmstufe auf „leicht hysterisch". „Lebst du noch?", gefolgt von „Also, wenn du bis morgen nicht antwortest, rufe ich die Nachbarn an!" Natürlich stellt sie anschließend sicher, dass jeder Kommentar mit dem perfekten Herz-Emoji, gefolgt von einem Sonnenblumen-Emoji, versehen ist. Ihr Markenzeichen!

Und dann gibt es die Geschichten aus ihrer eigenen Jugend, die sie mit Stolz erzählt: „Als ich ein Kind war, hatten wir nur vier Fernsehsender, und trotzdem wussten wir, wie man Spaß hat!" Sie ist die Hüterin der Fotoalben und zeigt jedem bereitwillig die Sammlung an Babyfotos, furchteinflößenden Outfits und Familienurlauben. Die peinlichsten Kinderfotos von ihm sind ebenfalls sicher bei ihr archiviert, und mit einem liebevollen Lächeln präsentiert sie sie jedem neuen Bekannten: „Hier, das war er als Baby – so süß, oder?"

Und egal, wie alt er ist – für sie wirst er immer das Baby in der Familie bleiben.

Also, klar, ihre ständige Sorge kann manchmal überfordernd sein. Aber die Wahrheit ist: Alle in der Familie wissen, dass sie ohne ihre Umsicht vermutlich in vielen Situationen verloren wären. Schließlich gibt es nur wenige Menschen, die aus dem Nichts Pflaster, Essen und den neuesten Klatsch über die Nachbarn zaubern können.

SEIN VATER, DER SMARTE ERFOLGSTYP

Sein Vater ist der Inbegriff von Charme und Erfolg – ein echter „Supertyp“, der überall als strahlendes Vorbild wahrgenommen wird. Egal, wo er auftaucht, man merkt sofort, dass er die Dinge im Griff hat. Er kennt jeden, und jeder kennt ihn – ob im Büro, auf dem Golfplatz oder beim Bäcker um die Ecke. Seine Lieblingssätze sind „Das haben wir im Griff“ und „Kein Problem, ich kümmere mich drum“, und wenn er das sagt, dann glaubt man ihm sofort. Denn wenn er etwas in die Hand nimmt, kann einfach nichts mehr schiefgehen.

Sein Terminkalender ist dicht gepackt, und trotzdem findet er immer noch Zeit, allen um sich herum zu helfen – auf seine ganz spezielle, smarte Art. Wenn jemand Rat braucht, ist er da. Ganz gleich, ob es um die richtige Aktienstrategie oder um die besten Tipps für ein Verhandlungsgespräch geht – er hat immer eine clevere Lösung parat.

Natürlich ist er auch ein begeisterter Netzwerker. Auf Familienfesten erzählt er gern Anekdoten aus dem Geschäftsleben.

Und dann seine charmante, väterliche Art: Wenn man mit ihm spricht, ist es fast wie ein Motivationsseminar im Miniformat. Sein Witz und Humor sind dabei immer auf den Punkt. Ein kurzer Spruch hier, ein Lächeln dort, und alle fühlen sich gleich ein wenig wohler. Selbst in stressigen Situationen bleibt er gelassen und bringt alle um ihn herum zum Lachen. Es ist schwer, ihn nicht als Vorbild zu sehen. Er ist einfach der Typ, der immer da ist, wenn man ihn braucht, und einem gleichzeitig das Gefühl gibt, dass alles möglich ist.

IHRE MUTTER, DIE ELEGANTE POWERFRAU

Ihre Mutter ist die perfekte Kombination aus Business und Stil – die ultimative Powerfrau, die ihre Karriere genauso ernst nimmt wie ihren gepflegten Auftritt. Schon beim Frühstück wirkt sie perfekt gestylt und bereit, die Welt zu erobern. Jede Haarsträhne sitzt an ihrem Platz, das Make-up ist tadellos, und ihr Outfit sieht aus, als wäre sie direkt einem Mode-Magazin entsprungen. Sie trägt dabei eine Leichtigkeit zur Schau, die suggeriert, dass sie ohne jegliche Mühe durch den Tag schwebt.

Ihr Kalender ist so eng getaktet wie ein Schweizer Uhrwerk, und es gibt kaum eine Minute, in der sie nicht etwas Wichtiges geplant hat. Bei Familienfeiern checkt sie in den kleinen Pausen dezent ihre Mails und beantwortet Anfragen, während sie gleichzeitig die familiäre Unterhaltung am Laufen hält.

Besonders beeindruckend ist ihre Fähigkeit, jedem Ratschläge zu geben, ohne dass es wie ein Ratschlag klingt. Ob es darum geht, welche Krawatte am besten zum neuen Jobinterview passt oder wie man die Karriereleiter schneller erklimmt, ihre Tipps sind so präzise und durchdacht, dass man fast das Gefühl hat, eine persönliche Beraterin engagiert zu haben. Sie spricht mit großer Selbstsicherheit und verleiht jedem ihrer Worte so viel Gewicht, dass man sie fast zitieren möchte. Sie erzählt auch gern, dass Erfolg nur dann kommt, wenn man immer bereit ist, sein Bestes zu geben, selbst beim kleinsten Projekt.

Auf Familienfotos ist sie diejenige, die strahlend und elegant in der Mitte steht und dabei irgendwie alle anderen ein wenig verblassen lässt. Manchmal kann ihre Perfektion ein wenig einschüchternd sein – aber wenn sie einem das Gefühl gibt, man könnte auch alles erreichen, ist das nur ihre Art, Zuneigung zu zeigen.

IHR VATER, DER BODENSTÄNDIGE, NETTE TYP

Ihr Vater ist der Inbegriff von Wärme und Freundlichkeit – jemand, auf den man sich immer verlassen kann und der für jeden ein offenes Ohr hat. Er ist der Typ, der nicht viel Aufhebens um sich selbst macht und lieber alle anderen in den Vordergrund stellt. Sein Lieblingssatz: „Das kriegen wir schon hin“. Egal, welches Problem ansteht, seine entspannte, unkomplizierte Art sorgt dafür, dass alles plötzlich halb so wild scheint.

Seine Klamottenwahl? Praktisch und bequem. Wenn du ihn siehst, trägt er meistens Jeans und ein T-Shirt.

Egal, wie sein Tag aussieht, er nimmt sich immer Zeit für die Familie. Er ist derjenige, der stundenlang geduldig im Baumarkt nach dem perfekten Werkzeug sucht oder am Wochenende mit den Kindern eine spontane Fahrradtour macht. Seine Hobbys sind bodenständig – er liebt den Garten, ein gutes Buch über Geschichte oder einfach ein nettes Gespräch mit Freunden. Alles, was er anpackt, macht er mit einem Lächeln und einem „Schauen wir mal"-Gesichtsausdruck, der alle beruhigt.

Seine Geschichten sind dabei echte Klassiker – er erzählt von seinem ersten Job, seinem Lieblingsurlaub am Meer oder der Zeit, als er als Teenager dachte, er könnte ein Fahrrad selbst reparieren (Spoiler: Das ging schief.).

Obwohl er nicht viel Aufhebens um sich selbst macht, ist er für die Familie ein absoluter Fels in der Brandung. Braucht jemand Hilfe beim Umzug? Er ist zur Stelle. Muss jemand sofort nach München? Er setzt sich ins Auto und macht den Chauffeur. Wenn er helfen kann, dann tut er das auch. Seine Freude liegt in den kleinen Dingen, und diese Fähigkeit, das Alltägliche zu schätzen, macht ihn zu einem echten Ruhepol. Wenn man ihn fragt, was für ihn das Wichtigste im Leben ist, wird er wahrscheinlich antworten, jeden Abend zu wissen, dass es den Menschen um ihn herum gut geht.

SEINE GROSSMUTTER, DAS TECHNIK-GENIE

Diese Großmutter ist die Königin der Emojis, und ihre Nachrichten bestehen zu 90 % aus lachenden Katzen, tanzenden Einhörnern und Herzen in den verschiedensten Farben. Es ist, als hätte sie die Emoji-Tastatur entdeckt und beschlossen, nie wieder Worte zu verwenden. Ihre Texte sind Meisterwerke der modernen Hieroglyphen, und die eigentliche Herausforderung ist herauszufinden, ob sie dir mitteilen wollte, dass es ihr gut geht – oder sie einen dringenden Notfall hat. Wenn sie dir dann mal ein echtes Bild schickt, liegt die Wahrscheinlichkeit hoch, dass du nur ihr Kinn siehst oder ihren Finger, der die Kamera blockiert.

Wenn sie ein Selfie machen will, heißt das für sie: Kamera an, irgendeinen Knopf drücken und dann mit einem Seufzen feststellen, dass „diese neumodische Technik einfach nicht das Wahre ist". An einem Weihnachtsabend hat sie es geschafft, eine Sprachnachricht zu verschicken, die nur aus Rauschen und einer ganzen Minute „Oh, wie geht das bloß? Bin ich noch drauf?" bestand.

Natürlich hat sie alle Apps, die gerade angesagt sind – WhatsApp, TikTok und sogar Instagram. Sie versteht nicht wirklich, was ein „Story-Highlight" ist, aber das hält sie nicht davon ab, fleißig zu posten. Ihr letzter „TikTok-Tanz" war ein viraler Hit in der Familie. Wenn du sie dann fragst, wie sie das Video aufgenommen hat, sagt sie: „Ich habe keine Ahnung. Es war einfach da!" Wer weiß, vielleicht entpuppt sich seine Großmutter eines Tages als eine weltweit gesuchte Hackerin.

IHR GROSSVATER, DER SPITZENTYP

Ihr Großvater ist die absolute Legende der Familie, der stets mit einem verschmitzten Lächeln, einem genialen Spruch und einem Funken Abenteuer in den Augen auftaucht. Er ist der Mann, der schon alles erlebt hat und trotzdem noch immer vor Lebensfreude nur so strotzt. Sein Repertoire an Geschichten ist nicht enden wollend und jede Geschichte erzählt er so, als wäre sie gestern passiert.

Und dann seine legendären Fähigkeiten, alles im Handumdrehen zu reparieren. Für ihn gibt es keine Herausforderung, die man nicht mit einer Rolle Klebeband und einem entschlossenen Gesichtsausdruck lösen könnte. Egal, ob die Kaffeemaschine streikt, das Auto komische

Geräusche macht oder der Rasenmäher eine Generalüberholung benötigt – Großvater ist zur Stelle. „Gib mir eine halbe Stunde und meinen alten Werkzeugkasten", sagt er, „dann kriegen wir das schon wieder hin." Seine „Reparaturen" sind zwar meist nur so stabil wie sein Vertrauen in improvisierte Lösungen, aber das hält ihn nicht davon ab, mit Stolz auf sein Werk zu schauen und einen Schluck Kaffee auf den erfolgreichen Abschluss zu nehmen.

Sein Stil? Unnachahmlich. Er ist liebenswürdig und authentisch. Ein Besuch bei ihm bedeutet immer auch ein volles Bauchgefühl. „Du hast nicht gegessen? Das geht nicht!" Niemand bereitet so gute Rinderrouladen, Steaks oder „nur eine Kleinigkeit" zu wie er.

Und schließlich ist er auch der Familiencoach in Sachen Lebensweisheiten. Mit einem Lächeln im Gesicht gibt er dir Tipps, die so pragmatisch wie charmant sind. „Wenn es nicht kaputt ist, repariere es nicht", oder „Das Leben ist zu kurz für schlechtes Bier". Seine Ratschläge sind ganz direkt und jedes seiner Worte hat das Gewicht eines Mannes, der schon viele Jahre erfolgreich gemeistert hat.

Er ist derjenige, der bei jeder Feier als letzter nach Hause geht und immer noch genug Energie hat, um alle zu verabschieden. Ein echter Spitzentyp, der die Familie zusammenhält und ihr ein Vorbild ist – voller Charme, Witz und Weisheit.

SEIN ONKEL, DER ALLES BESSER WEISS

Dieser Onkel ist eine wandelnde Enzyklopädie – zumindest aus seiner eigenen Sicht. Er weiß nicht nur alles, sondern muss es auch ständig allen mitteilen. Er kennt die besten Wanderrouten, die besten Restaurants, die besten Hotels. Wenn jemand über das Wetter spricht, hält er sofort einen Mini-Vortrag über Klimazonen. Ob er wirklich so viel Ahnung hat? Nun, das ist eine andere Frage. Aber sein Selbstbewusstsein ist beeindruckend.

Wenn es Zeit ist, das Familiengrillen zu starten, zeigt er dir erstmal, wie man „richtig" anzündet. Er analysiert die Kohlen wie ein Weinkenner seine edelsten Tropfen und erklärt dir, warum diese Kohlen das beste Aroma verleihen werden. „Ach, und du drehst das Würstchen so? Interessant … aber falsch“, sagt er dann und stellt sich sofort an den Grill, um den „Fehler“ zu korrigieren. Er ist ganz einfach ein Unikat.

IHR COUSIN MIT IMMER NEUEN BUSINESS-IDEEN

Er ist der lebende Beweis dafür, dass man auch ohne Erfahrung zum Geschäftsmogul werden kann – allerdings auch nur in seiner eigenen Wahrnehmung. Jede Woche hat er eine neue „Goldgrube“, von denen die meisten entweder unglaublich riskant oder schlichtweg unrealistisch sind. Erst war es eine App, die ein Geburtsdatum in Astrologie-Tipps verwandelt, dann wollte er in einen „Ultra-Hochleistungs-Kaugummi mit Reinigungsfunktion“ investieren und sein letzter Plan war ein „luxuriöses Kryptospielzeug für Katzen“. Er erklärt dir die Business-Idee, und du nickst und fragst dich, wie lange es wohl dauert, bis er die „neuen potenziellen Investoren“ vergrault hat.

Sein Lieblingssatz ist „Da gibt es großes Marktpotenzial!“, und das sagt er mit der inbrünstigen Überzeugung eines zukünftigen CEO, selbst wenn es um personalisierte Karottenschäler geht. Du hörst ihm zu und denkst dir, dass er vielleicht endlich sein Studium abschließen sollte.

SEINE SCHWESTER, DIE JEDEN KENNT

Egal, wohin ihr geht, sie trifft immer jemanden, den sie kennt. „Oh, das ist Jan! Er war mal mein Nachbar – oder war es der Bruder meines Nachbarn? Egal, wir kennen uns jedenfalls!“ Sie winkt ständig irgendwem enthusiastisch zu, und wenn man mit ihr ein Restaurant betritt, hat man irgendwie das Gefühl, in eine Art Klassentreffen geraten zu sein. Mit ihr durch die Stadt zu laufen bedeutet, ständig Halt zu machen, um „kurz zu quatschen“. Wenn sie einen neuen Partner vorstellt, kann man sicher sein, dass die Hälfte ihrer Freunde schon Bescheid weiß. Und wenn jemand nach dem neuesten Klatsch fragt, ist sie die Erste, die dir von der neuesten Liebesdrama-Story ihrer besten Freundin oder der „unfassbaren“ Hochzeit ihres Fitness-Trainers erzählt.

IHR BRUDER, DER ERFOLGREICHE UND GEHEIMNISVOLLE TYP

Ihr Bruder ist der stille Star der Familie – der Typ, der den Erfolg geradezu magisch anzieht.

Niemand weiß, was er eigentlich genau macht, aber alle wissen, dass er es ganz offensichtlich richtig macht. „So etwas mit Finanzen“ ist die Antwort, die man bekommt, wenn man nach seinem Job fragt, gefolgt von einem wissenden Lächeln und einem vielsagenden Schulterzucken. Er kommt zu Familienfeiern immer zu spät, sieht aus, als wäre er eben einem James-Bond-Film entstiegen, und fährt bei jedem Familientreffen mit einem neuen Auto vor.

So mysteriös er oft wirken mag, eines ist sicher: Er kommt bestimmt nicht allein. Irgendwie scheint er bei Frauenbekanntschaften aus dem Vollen zu schöpfen. All die elfenhaften Wesen an seiner Seite sehen immer umwerfend aus und begleiten ihn nie ein zweites Mal zu einer Familienfeier. Jedes familiäre Treffen wird so zum Debüt einer neuen „Freundin“. Die Familie hat aufgehört, sich die Namen dieser Frauen zu merken. Mehr als einen Abend werden sie ohnehin nicht mit ihr verbringen, auch wenn der Bruder jedes Mal behauptet, dass es diesmal natürlich etwas „ganz Ernstes“ sei – bis zum nächsten Treffen, versteht sich.

Seine Freizeitgestaltung ist ebenfalls ganz im Einklang mit seiner Erfolgsstrategie – Golfen, um wichtige Kontakte zu pflegen, Fitnessstudio, um seine Energie aufzuladen und der Besuch von Kulturveranstaltungen, um sein intellektuelles Image zu pflegen. Schließlich muss auch ein Supertyp wie er körperlich und geistig in Form bleiben. Nach einem 12-Stunden-Arbeitstag noch eine Runde joggen gehen? Kein Problem! Für ihn ist das eine Mischung aus Sport und Meditation, denn „körperliche Fitness und mentaler Erfolg gehen Hand in Hand“, wie er es ausdrückt. Während andere vom Tag erschöpft sind, plant er bereits das nächste Großprojekt – wahrscheinlich mit einer Tasse Espresso in der Hand, weil er nur wenig Schlaf benötigt.

Ob es die Jacht-Party in Südfrankreich ist, die er nebenbei erwähnt, das Netzwerktreffen von internationalen Großinvestoren oder der Flug nach New York nächste Woche, „um ein kleineres Projekt abzuschließen“, es ist, als hätte er Zugang zu einer Parallelwelt, in der sich nur wirklich „Auserwählte“ bewegen.

Seine Anwesenheit sorgt daher immer für einen Hauch von Glamour. Der Hemdkragen sitzt perfekt, die Uhr am Handgelenk blinkt im dezenten Luxus, und wenn er mit einem charmanten Lächeln eine Flasche Wein öffnet, könnte man schwören, er hätte das Sommelier-Diplom in der Tasche. Niemand hat wirklich Einblick in sein Leben – aber jeder ist beeindruckt, wenn er spricht. Irgendwie leben alle in stiller Bewunderung für seine unerschütterliche Coolness und die Tatsache, dass er immer da ist, wenn seine Familie ihn braucht.

SEIN SCHWAGER, DER STÄNDIG DÄMLICHE WITZE ERZÄHLT

Kein Familienessen ist komplett ohne die alten Klassiker. „Schon das neue Restaurant ausprobiert? Soll sehr lecker sein – zumindest, wenn man nichts bestellt!“ Er hat für jeden Anlass einen Spruch parat, und jeder in der Familie hat die Pointe schon mindestens fünfmal gehört. Das hält ihn jedoch nicht davon ab, immer wieder denselben Witz zu bringen und darüber zu lachen, als sei es das erste Mal. Alle schütteln den Kopf, aber insgeheim lieben sie ihn dafür, dass er sich selbst so herrlich ernst nimmt.

IHRE SCHWESTER, DIE MODEIKONE

Ihre Schwester ist die Fashion-Queen der Familie – der Inbegriff von Stil und Eleganz, die stets so aussieht, als käme sie gerade von einem Fotoshooting. Kein Event ist zu klein, um nicht als Gelegenheit für ein makelloses Outfit gesehen zu werden. Egal, ob Familienessen, Einkauf im Supermarkt oder die spontane Müllentsorgung, sie trägt alles so, als wäre es der große Auftritt bei der New York Fashion Week. Und wehe, jemand bemerkt ihr neuestes Accessoire nicht – „Das ist Vintage Chanel!" murmelt sie mit leicht entrüstetem Gesichtsausdruck, als ob das nicht auf zehn Meter Entfernung sichtbar wäre.

Ihre Outfits sind so perfekt abgestimmt, dass man das Gefühl hat, sie habe ein eigenes Team, das jeden Tag ihre Garderobe plant. So hat sie für jede Lebenssituation das passende Outfit: den „casual-eleganten Kaffeetrink-Look", den „spontan-wirkenden, aber mühevoll arrangierten Abend-Spaziergang-Look" und natürlich den „Ich-bin-entspannt-aber-sehe-trotzdem-besser-aus-als-alle-Look".

Das Einzige, was sie noch mehr liebt als Mode, ist es, dich zu beraten – oder besser gesagt, neu zu erfinden. Sie kann dir mühelos in einem Satz klarmachen, dass dein Stil ok, aber eindeutig verbesserungswürdig ist. „Das ist ja total süß, aber ich habe da ein paar Ideen, die dich um vieles stylisher aussehen lassen würden", sagt sie dann, während sie deine Garderobe für hoffnungslos veraltet erklärt. Wenn du mal eine neue Jacke oder einen neuen Pulli trägst, fummelt sie an ihrem Gucci-Gürtel, mustert sie dich von Kopf bis Fuß und murmelt etwas wie: „Das steht dir echt gut – total individuell!" Dabei klingt es allerdings mehr so, als würde sie den Mut bewundern, den man braucht, um dieses „Individuelle" in die Öffentlichkeit zu tragen.

Kleiderschränke sind für sie nicht nur Stauraum, sondern heilige Hallen der Modekunst. Während der Rest der Familie einen Schrank für Kleidung besitzt, hat sie gefühlt eine komplette Filiale von Zara und H&M in ihrer Wohnung. Die Schubladen sind so prall gefüllt, dass sie kaum noch zugehen, und trotzdem hat sie „einfach nichts zum Anziehen". Ihr Motto? „Man kann nie genug Basics haben." Für sie sind Basics übrigens Dinge wie Paillettenjacken, bodenlange Mäntel und Hüte in extravaganten Formen. Das tägliche „Sich-Entscheiden" ist ein komplexer Prozess, der von Launen, Wetterberichten und dem perfekten „Instagram-Moment" beeinflusst wird.

Besonders spannend wird es, wenn sie Shoppen war. Ein kurzer Blick auf die Kreditkartenabrechnung reicht, um die gesamte Familie in Schockstarre zu versetzen, aber für sie ist das alles eine „Investition in die Zukunft". Sie erklärt dir mit ernster Miene, dass „Mode immer wiederkommt" und der 90er-Jahre-Overall vielleicht in zehn Jahren wieder in ist. Als Vorreiterin eines Trends müsse man nun mal Opfer bringen – und so schlimm seien ihre Kreditkarten dann auch nicht überzogen.

Wenn sie dann endlich mit den Fotos beginnt, dauert es locker eine Stunde, um den perfekten Winkel, das perfekte Licht und das perfekte Lächeln zu finden. Nichts ist dem Zufall überlassen. Sie steht mitten im Raum, dreht sich leicht nach links, dann wieder nach rechts, nimmt einen „natürlichen" Lächel-Blick auf, während du innerlich den Countdown für ihre „Instagram-Story" startest. Sie kann dir exakt erklären, warum die Pose wichtig ist – und dass ein Blick nach rechts ihre Kieferlinie besonders betont. Du hörst nur halb zu, nickst bewundernd und fragst dich, wie man so selbstverständlich im Mittelpunkt stehen kann.

Am Ende weißt du: Ohne sie wäre die Familie schlichtweg nicht so bunt und glamourös. Sie ist diejenige, die jedem zeigt, dass es sich lohnt, auch den kleinsten Moment stilvoll zu zelebrieren – selbst, wenn es nur der Gang zum Briefkasten ist.

SEINE TANTE – EWIG AUF DIÄT

Ihre Diät ist eine Kombination aus allen Trends der letzten zehn Jahre: Low Carb, glutenfrei, Paleo und gelegentlich auch vegan –

außer natürlich, wenn Süßes im Spiel ist. Sie zählt jede Kalorie und berichtet dir beim Essen detailliert, warum sie heute nur eine halbe Gurke und eine Karotte isst, während du schamlos an deiner Pizza knabberst. „Keto-Phase", sagt sie geheimnisvoll, und du nickst höflich, während du zum nächsten Stück Pizza greifst.

Wenn sie sich beim Anblick von Kuchen nicht beherrschen kann, wird dies als „Cheat Day" zelebriert, der selbstverständlich immer wieder erlaubt ist. Sie kann dich mit Nährwertangaben eines jeden Lebensmittels überraschen und trägt natürlich eine App, die ihre täglich absolvierte Schrittanzahl aufzeichnet. Es kann passieren, dass sie während des Familienessens alle Mahlzeiten minutiös analysiert und begutachtet – und dir erklärt, warum diese Oliven eigentlich viel zu viele Kalorien haben, um sie einfach nur zu genießen.

UND DANN SIND DA AUCH NOCH:

Ihr Patenonkel, der sich bei jedem Essen zur Mission macht, tiefgründige Diskussionen zu entfachen – über philosophische Grundsatzfragen und den Sinn des Lebens. Während alle anderen entspannt an ihrer Vorspeise knabbern, startet er sein gedankliches Feuerwerk, sodass spätestens zum Dessert drei Familienmitglieder existenzielle Krisen haben.

Dann gibt es den kleinen Neffen – acht Jahre alt und auf dem Weg zum Social-Media-Star. Schon jetzt hat er einen Kanal auf sämtlichen Plattformen und filmt jedes Familienevent aus mindestens drei Winkeln. Alle Familienmitglieder sind unfreiwillig Nebendarsteller. Er interviewt zwischendurch jeden einzelnen und fragt sie, wen sie von den Anwesenden am wenigsten mögen. Die Folge? Die Klickzahlen steigen rasant.

Und dann die beiden kleinen Nichten: Die eine ist heimlich als Künstlerin tätig, die sich besonders unbeobachtete Momente aussucht, um ihrer Kreativität freien Lauf zu lassen. Beim letzten Familientreffen wurden einige Handtaschen in „Meisterwerke" verwandelt." Zu Weihnachten erwarten wir Gemälde auf der Tischdecke. Die andere Nichte ist trotz ihres kindlichen Alters bereits eine erfolgreiche Detektivin. Sie löst jedes Familiengeheimnis, bevor die Erwachsenen überhaupt wissen, dass es eins gibt – und plaudert es auch gleich aus.

Ihre Tante, die Reisebloggerin, lässt kein Treffen aus, ohne ihre Tipps für „versteckte Reisejuwelen" weiterzugeben, die niemand kennt. Spätestens beim zweiten Gang startet die Diashow aus den entferntesten Ecken der Welt.

Dann wäre da auch sein Cousin, seines Zeichens Jurastudent im 23. Semester, der sich noch immer nicht ganz sicher ist, „ob das wirklich sein Ding ist", während seine Mutter betont, dass er „bald fertig ist und schon eine Stelle als Referendar in Aussicht hat". Er reagiert mit bedeutungsschwangeren Blicken und einem thematischen Umstieg auf „wirklich wichtigere Dinge im Leben" – wie den geschmacklichen Unterschied zwischen Heineken und Corona oder die optimale Zubereitung eines Daiquiri.

Schließlich ist da noch der „grüne" Großonkel, der Umweltaktivist, der es sich nicht nehmen lässt, sämtliche Gerichte beim Essen auf Nachhaltigkeit zu prüfen. Der Klassiker: „Diese Kartoffeln? CO_2-Bilanz bedenklich!" Das Hähnchen wird kritisch beäugt und der Nachtisch kategorisch als „ökologisches Desaster" abgelehnt.

14

DIE UNVERMEIDLICHEN FAMILIENFEIERN

Bist du die endlosen Einladungen der gegnerischen Familie leid?

Es scheint, als gäbe es immer irgendeinen Grund zum Feiern – die erfolgreiche Wurmkur des Familienhundes, der dritte Jahrestag des Garagenumbaus oder der stolze Moment, als der Cousin zweiten Grades beim fünften Anlauf endlich den Führerschein geschafft hat.

Natürlich bist du viel zu höflich, um eine Einladung direkt abzulehnen.

Aber mit diesem Plan kannst du dir auf dem nächsten Familien-Get-Together zumindest ein wenig Spaß gönnen.

Bonus: Wenn du wirklich alles durchziehst, ist die Wahrscheinlichkeit hoch, dass du nie wieder eingeladen wirst – zumindest nicht von dieser Seite der Familie.

Hier die Aufgaben:

1-Punkt-Aufgaben

- Stelle gezielte Fragen über bestimmte Familientraditionen, die offensichtlich niemand mag, aber trotzdem jeder aus Höflichkeit mitmacht.
- Initiiere ein Tischgespräch über Politik – vorzugsweise über Themen, bei denen du sicher weißt, dass die Meinungen stark auseinandergehen.
- Erzähle begeistert von deinem neuen Hobby, der „extremen Kompostierung", und erkläre allen den Prozess bis ins kleinste Detail.
- Lobe das Essen überschwänglich, und gib dabei durch die Blume zu verstehen, dass du genau weißt, dass es aus der Fertigpackung kommt.
- Biete an, ein Familienfoto zu machen, und sorge dafür, dass ausgerechnet die Person, die dich eingeladen hat, nicht darauf zu sehen ist.
- Beginne ein ernsthaftes Gespräch darüber, wie Gurkensalat die globale Erwärmung beeinflusst. Bonuspunkte, wenn jemand tatsächlich anfängt, dir aufmerksam zuzuhören.
- Gib „hilfreiche" Tipps, wie man das Buffet „instagramable" macht.
- Überzeuge die Kinder, dass du ein Pirat bist und dein Papagei unsichtbar. Erzähle wilde Geschichten von deinen Abenteuern auf hoher See, inklusive einer Schatzkarte, die „zufällig" im Garten vergraben ist.
- Trage einen sehr auffälligen Hut. Wenn dich jemand darauf anspricht, darfst du bloß antworten: „Was für ein Hut?"
- Achte den ganzen Abend über darauf, dass du immer stehst, während die meisten anderen Personen sitzen und umgekehrt. Falls dich jemand darauf anspricht, antworte: „Ich habe es lieber so."
- Stell dich den ganzen Abend neben eine dir fremde Person, ohne auch nur ein einziges Wort mit ihr zu wechseln. Folge ihr außerdem überallhin.

2-Punkte-Aufgaben

- Überrede die Familie zu einem spontanen „Talentwettbewerb“ mit Karaoke, bei dem du als strenge:r Juror:in fungierst und übertrieben kritische Bewertungen abgibst.
- Gib vor, allergisch auf eine beliebige Zutat des Abendessens zu reagieren, und bestehe darauf, etwas anderes serviert zu bekommen.
- Erzähl eine endlos lange und offensichtlich erfundene Geschichte darüber, wie du einmal fast die Welt gerettet hättest, wenn da nicht, ja wenn da nicht ...
- Schlage vor, eine Runde „Wahrheit oder Pflicht“ zu spielen, und nutze die Gelegenheit, um besonders peinliche Pflichten zu verteilen.
- Behaupte, ein Geistermedium zu sein, und biete an, eine Séance zu leiten, um Kontakt mit den Ahnen der Familie aufzunehmen.
- Steh mitten im Festmahl auf und halte eine bewegende Rede darüber, wie wichtig es ist, den Moment zu leben. Beende deine Rede mit einem spontanen Tanz.
- Starte ein ernstes Tischgespräch über die Philosophie hinter Tischmanieren. Frage, ob das Verwenden von Messer und Gabel nicht eigentlich eine Unterdrückung der „natürlichen Hand-Nahrung-Beziehung“ darstellt.
- Spiele „Verstecken“, ohne es jemandem zu sagen. Laufe zu einer Person, tippe sie an und rufe: „Gefunden! Du bist dran!“ Versteck dich anschließend selbst. Du bekommst einen Bonuspunkt, wenn du länger als eine Stunde nicht gefunden wirst.
- Suche dir Gäste aus, mit denen du folgendes Gespräch führst: „Hast du das gehört?“ – „Was?“ – „Ach, egal.“ Du bekommst jedes Mal einen Bonuspunkt, wenn du dieses Gespräch mit einem Gast führst, der schon dran war.

. . .

3-Punkte-Aufgaben

- Verkünde mitten im Essen, dass du beschlossen hast, zum Veganismus zu konvertieren – und das während eines Barbecues.
- Beginne eine ausführliche Unterhaltung über die gesundheitlichen Vorteile einer gesunden Darmflora, während alle noch am Tisch sitzen und essen.
- Biete an, den Abend mit einer Power-Point-Präsentation über deine „Reise zur Selbstfindung" in einem Ashram zu bereichern.
- Behaupte, du seist ein:e bekannte:r Blogger:in, der über das Phänomen „Familienfeiern" schreibst. Beginne, alles und jeden zu fotografieren.
- Verstecke ein Metronom irgendwo im Wohnzimmer und behaupte, es sei ein spirituelles Experiment, um die Energie im Haus zu messen.
- Frage jeden einzelnen Gast nach seiner Meinung zur idealen Pizza-Belag-Kombination. Notiere akribisch jedes Pro und Contra und verkünde das endgültige Ergebnis später mit der Ernsthaftigkeit einer Wahlberichterstattung.
- Führe eine „Zeremonie zur Reinigung des Hauses von negativen Energien" durch. Bestehe darauf, jedes Zimmer mit selbstgemachtem Weihrauch (oder einfach verbranntem Toast) zu säubern, während du dabei leise Summtöne von dir gibst.
- Versammle eine Gruppe von mindestens drei Personen um dich, um einen Zaubertrick vorzuführen. Bitte dann eine Person nach der anderen um ihr Glas und trinke es jeweils komplett aus. Sobald du das letzte Glas geleert hast, rufe „Tadaaa!" und mache eine magische Geste.
- Bring eine Zimmerpflanze mit zur Party und trag sie den ganzen Abend unter deinem Arm. Falls dich jemand darauf

anspricht, sag, die Zimmerpflanze sei dein Lebensabschnittspartner.

- Frag jemanden auf der Party, ob er mit dir die Unterhose tauschen möchte. Du bekommst einen Bonuspunkt, wenn die Person dem anderen Geschlecht angehört. Es gibt einen weiteren Bonuspunkt, wenn ihr tatsächlich die Unterhosen tauscht. Und noch einen Bonuspunkt extra, wenn du danach die bereits getauschte Unterhose nochmals mit einem anderen Gast tauschst.

Auswertung:

- **0 – 15 Punkte:** Da geht noch was! Du musst dich wohl etwas mehr anstrengen, um endgültig von der Einladungsliste gestrichen zu werden. Vielleicht musst du beim nächsten Mal ein Faschingskostüm tragen.
- **16 – 29 Punkte:** Gute Aussichten! Sie werden es sich nächsten Mal sicher zweimal überlegen, bevor sie dich wieder einladen.
- **30 Punkte und mehr:** Herzlichen Glückwunsch! Du hast es geschafft und erfolgreich sichergestellt, dass deine Wochenenden zukünftig frei von familiären Verpflichtungen sind.

15

DEINE FREUNDE SIND MEINE FREUNDE – ECHT JETZT?

Anleitung zum Überleben seiner Freunde

Du dachtest, du datest nur ihn? Falsch gedacht. Seine Freunde sind ein fester Bestandteil des Pakets, und mit ihnen kommen Eigenheiten, Insider-Witze und eine unendliche Bandbreite an „weiblich schwer nachvollziehbaren" Ritualen. Ja, seine Freunde sind ein wenig wie Haustiere: Sie brauchen Zuwendung, man bringt ihnen Respekt entgegen, aber man lässt sie am besten nur in kontrollierten Dosen ins Wohnzimmer. Hier ist der ultimative Ratgeber, um seinen Freundeskreis zu überleben.

1. Der „älteste Freund"

Das ist der Freund, der ihn seit der Sandkiste kennt und immer, wirklich immer, Geschichten über deine bessere Hälfte aus der „gemeinsamen Jugend" parat hat. Er ist quasi ein wandelndes Archiv peinlicher Anekdoten. Für dich gilt: Überleben durch Taktik. Lächle höflich, nicke hin und wieder – und wenn es zu viel wird, sage diplomatisch: „Ach wirklich?

Das klingt nach … einem ganz besonderen Abenteuer." So lässt du dir Raum für die Interpretation. Nimm es mit Humor, immerhin hast du die aktuelle Version seines ältesten Freundes abbekommen.

2. Der Fitness-Fanatische – Der Personaltrainer ohne Lizenz

Jedes Treffen ist für ihn die perfekte Gelegenheit für eine spontane Trainingseinheit – oder zumindest das Gespräch darüber. Seine Fitnessphilosophie? „Du bist nur so gut, wie dein nächster Proteinshake."

Dein Plan: Schleiche dich vorsichtig weg, wenn er beginnt, vom Bouldern zu reden, und gib ihm den Raum, seine Push-ups vor den anderen Jungs zu präsentieren.

3. Der Hobby-Psychologe

Dieser Freund versteht wirklich alles – und besonders deinen Partner. Zu jedem kleinen Beziehungsstreit zwischen euch hat der Freund eine „Diagnose", die er gerne zu später Stunde mit euch teilt: „Das kommt von seinem inneren Kind. Hast du schon mal versucht, das zu wecken?"

Merke: Er ist harmlos, solange du ihn einfach philosophieren lässt. Bestelle ihm ein Bier, lausche seiner „Therapieempfehlung" und nicke weise. Ein wenig Psychodiagnose eines Freundes hat noch keiner Beziehung geschadet. Angeblich.

4. Der Grillmeister

Dieser Freund lebt für den Grillabend. Der Grill ist seine persönliche Bühne, und jede Grillparty wird zur olympischen Zeremonie. Seine Waffe der Wahl: die Grillzange, die er stolz schwingt. Bei ihm bekommst du fleischliche Meisterwerke, die mit „streng geheimen"

Marinaden gezaubert wurden, und wehe, jemand wagt sich an den Grill ohne seine Erlaubnis. Dein Trick? Lobe ihn überschwänglich und nimm ein paar Zucchinischeiben mit.

5. Der Besserwisser

Du hast dich schon immer gefragt, woher Wikipedia all seine Artikel hat? Von ihm! Er weiß alles, ob du es hören willst oder nicht. Und ja, er wird jede Diskussion mit einem „Eigentlich ist es ja so …" beginnen. Lass ihn einfach reden. Er braucht keine Antwort, nur Publikum. Mit einem unauffälligen Augenrollen und einem diplomatischen Lächeln schenkst du ihm genau das, was er will, und du sparst dir den verbalen Wrestling-Kampf.

6. Der Sparfuchs

Dieser Freund hat die unverwechselbare Gabe, selbst die kleinste Summe in seinen Geldbeutel zurückholen zu wollen. Alles wird geteilt, auf den Cent genau, und beim Trinkgeld wird er plötzlich zum Finanzminister. Dein Plan: Biete an, das Trinkgeld zu übernehmen, um die Diskussion abzukürzen, und genieße die Show, wie er daraufhin freudig zu seinem „kleinen Sieg" lächelt. Immerhin hast du Ruhe und kannst dir innerlich denken, dass du das Ganze vielleicht noch bei einem Drink „abrechnen" wirst.

7. Der „Romantiker"

Dieser Freund hat immer „die besten Beziehungstipps", obwohl er selbst nie eine Freundin hat und daher mit „freier Seele" durch die Welt wandert. Trotzdem hält er sich für den Beziehungsberater des Jahrhunderts. Er sagt dir Dinge wie: „Verwöhne ihn einfach mit einem romantischen Abend. Männer stehen auf Überraschungen!"

Dein Trick? Höre ihm halbherzig zu und antworte mit einem „Danke für den Tipp“.

8. Der Gamer

Er taucht vornehmlich am Freitagabend auf und bringt seinen Controller mit. „Einfach nur eine Runde zocken“, sagt er, und eine Stunde später befinden sich alle in einem ewig langen, verbissenen Kampf um den virtuellen Sieg. Dein Vorteil: Solange er mit deinem Freund die virtuelle Welt rettet, hast du freie Bahn für einen entspannten Mädelsabend mit deinen Lieblingsserien. Sein Mantra: „Nur noch eine Runde.“ Dein Mantra: „Nur noch ein Glas Prosecco.“

9. Der Lebenskünstler

Dieser Freund liebt es, beim Grillen über spirituelle „Selbstfindung“ zu philosophieren und darüber, wie er demnächst einfach „alles hinter sich lassen und durch die Welt reisen“ wird. Ob es jemals dazu kommt? Fraglich. Aber du wirst viele Gespräche über alternative Lebensweisen, „freie Energie“ und „kosmische Erleuchtung“ hören. Lächle und lass ihn in seiner Zen-Welt. Und bestell dir innerlich einen doppelten Espresso.

10. Der beste Freund

Das ist der Typ, der wirklich auf deine Beziehung achtet. Er freut sich für euch und kennt dich als Partnerin vielleicht schon genauso gut wie seinen Freund. Wenn er dir erzählt, dass dein Freund total verknallt ist und „du alles für ihn bist“, dann meint er das ehrlich. Solche Freunde sind Gold wert. Er hilft euch, lacht mit euch und versteht, dass du manchmal ein wenig Unterstützung gegen die Jungs-Clique brauchst. Also gib ihm ruhig einen Ehrenplatz und gönn ihm auch mal einen Freifahrtschein für seine Besserwisser-Witze.

Zusammengefasst:

Seine Freunde mögen chaotisch sein, verrückt und manchmal nur schwer zu verstehen, aber genau deshalb sind sie ihm wichtig. Die Wahrheit ist: Sie sind sein Support-Team und die Menschen, die ihn wahrscheinlich schon durch die verschiedensten Phasen des Lebens begleitet haben. Manchmal brauchst du das Pokerface eines Profis und die Geduld einer Yogalehrerin. Aber bleib locker, trink ein Glas Sekt, und wenn es zu verrückt wird, denk daran: Du bist die Königin des Hauses, und sie sind nur die Hofnarren, die für Unterhaltung sorgen!

Der ultimative Guide, um ihre Freundinnen zu mögen

Glückwunsch, du hast nicht nur eine fantastische Freundin, sondern auch gleich ein halbes Dutzend neue Mitbewohnerinnen – unsichtbar, aber sehr präsent. Sie bringen das Drama, die „Spontanität" und eine Fülle von Meinungen mit, und du steckst mittendrin. Hier kommt dein Guide, um ihre Freundinnen zu verstehen und ihre Treffen zu überleben.

1. Die „beste Freundin seit der Grundschule"

Sie kennt deine Freundin besser als jeder andere Mensch auf diesem Planeten und hat Insider-Infos, die dir das Blut in den Adern gefrieren lassen könnten. Diese Freundin hat geheimes Wissen über deine Freundin, das nicht für deine Ohren bestimmt ist: den ersten Schwarm, die peinlichen Teenie-Frisuren und alle Tagebucheinträge. Dein Job? Sei nett und freundlich. Wenn du sie deiner Partnerin ein „Aber erzähl es ja nicht ihm!" zuflüstern hörst, denk dir insgeheim: „Nur noch 30 Minuten, dann kommt das Taxi und der Spuk ist vorbei ..."

2. Die Spirituelle

Jedes Mal, wenn sie auftaucht, riecht es plötzlich nach Lavendel und Sandelholz. Diese Freundin hat ihre ganz eigene Aura, sieht „positive Schwingungen" und kann die Zukunft in Teeblättern lesen. Sie erklärt dir vermutlich, dass dein Sternzeichen und das deiner Freundin „perfekte Gegensätze" sind, und schaut dich mit ihren tiefgründigen Augen an, als ob du ein wandelndes Horoskop wärst. Nimm es locker: Nicke bedächtig, wenn sie dich nach deinem Aszendenten fragt, und spiel mit. Extra-Punkte bekommst du, wenn du das Wort „Chakra" geschickt ins Gespräch einbaust. Mit einem „Hast du ein gutes Gefühl zu meiner Aura?" hast du dir einen Platz in ihrer spirituellen Welt gesichert.

. . .

3. Die Instagram-Influencerin – Königin der Selfies

Diese Freundin sieht jeden Ausflug als Fotoshooting-Möglichkeit, jedes Getränk als „Content" und deine Freundin als perfekte „Selfie-Buddy". Der Satz „Warte, ich muss kurz ein Foto machen" ist bei ihr so normal wie „Guten Morgen". Wenn du Pech hast, wirst du selbst zum Insta-Accessoire und darfst bei jedem zweiten Foto charmant und „ganz natürlich" in die Kamera lächeln. Dein Überlebens-Tipp? Kommentiere ihre Selfies mit einem schlichten „Wow, sieht super aus!" – dann kannst du dich unauffällig zurückziehen und sie getrost dem Hashtag-Wahnsinn überlassen.

4. Die „Psychotherapeutin"

Sie hat das unverkennbare Talent, alle eure Beziehungsthemen sofort zu analysieren – und das völlig kostenlos. „Oh, du hast also den Geschirrspüler nicht eingeräumt? Das könnte was mit deiner Bindungsangst zu tun haben." Wähle hier den diplomatischen Weg: Wenn sie dir eine Frage stellt, antworte mit einem „Hmm, interessant". Sie wird das für Zustimmung halten und ist dann vollauf zufrieden mit sich selbst. Bonus-Tipp: Sag einmal im Gespräch „Das ist echt tiefgründig", und du bist auf direktem Weg zum Status „Lieblingsfreund".

5. Die Party-Queen

Diese Freundin lebt für Nächte, die in Glitzer, Konfetti und Shots enden. Sie ist die Erste auf der Tanzfläche, die Letzte, die geht, und die Einzige, die beim Karaoke „Highway to Hell" anstimmt. Wenn deine Freundin mit ihr um die Häuser zieht, kannst du dich auf einen ruhigen Abend zu Hause einstellen.

Am nächsten Morgen wird dir deine Partnerin mit einem kopfschmerzgeplagten Lächeln entgegenblicken und die Frage „Na, wie war die Nacht?“ ignorieren. Falls du jemals mit auf ein Event gehst, halte dich an die goldene Regel: Lass die beiden tanzen, sorge für genügend Wasser und halte dein Bier fest.

6. Die Planerin

Diese Freundin hat alles im Griff: Geburtstage, Dates, Feiertage, Erinnerungen an den Jahrestag – sie ist das wandelnde Kalenderblatt. Ohne sie wären eure gemeinsamen Wochenenden eine einzige spontane Verwirrung. Sie erinnert dich sogar daran, dass deine Freundin „unbedingt ein Date im neuen Restaurant wollte, weißt du nicht mehr?“ Hier gilt: Höflich danken und notfalls einfach sagen: „Lass uns das locker angehen“. Ihre entsetzten Blicke allein sind den Spruch wert.

7. Die „ewige Single“

Diese Freundin ist eine wahre Beziehungsskeptikerin und sieht in jeder Verbindung eine tickende Zeitbombe. „Bist du sicher, dass ihr beiden zusammenpasst? Bist du wirklich glücklich?“ Ihr Lebensmotto lautet „Weißt du, ich genieße meine Freiheit einfach zu sehr“. Deine Taktik hier: Nimm es sportlich und grinse innerlich, wenn sie dich prüfend ansieht. Gib Antworten, die so nonchalant wie möglich sind: „Ja, läuft ganz gut zwischen uns.“ Sie wird die Herausforderung annehmen und irgendwann das Thema wechseln – hoffentlich.

8. Die Diät-Expertin

Sie kennt jeden Food-Trend und hat wahrscheinlich zu jeder Kalorie, die du zu dir nimmst, einen Kommentar parat. „Oh, du isst noch Gluten? Wirklich mutig.“ Dein bester Ausweg? Bestell eine doppelte

Portion Burger und lache ihr ins Gesicht. Vielleicht fragst du sie auch, wie lange sie die „Sellerie-Saft-Diät“ durchgehalten hat. Irgendwann wird sie es aufgeben, dich zu bekehren, und du kannst deine Pommes in Ruhe genießen.

9. Die Gute-Laune-Granate

Diese Freundin ist das wandelnde Emoji deiner Beziehung, der immer gut gelaunte Sonnenschein, der jedes Drama niederringt. Sie liebt es, alles zu übertreiben: „Ihr seid DAS Traumpaar!“, „OMG, das ist so romantisch!“ Sie hebt eure Stimmung und sorgt dafür, dass selbst das langweiligste Picknick eine Party wird. Wenn sie da ist, genieße die Show und spiele den charmanten „Freund ihrer Freundin“.

Zusammengefasst:

Ihre Freundinnen sind nicht nur „ihre Mädels“ – sie sind die strengen Richterinnen, die dich durch die feinste Lupe betrachten und gnadenlos analysieren. Mal brauchst du ein Pokerface, mal deinen inneren Party-Löwen, aber vor allem brauchst du eine Prise Gelassenheit und die Fähigkeit, über alles zu lachen. Sie sind ein Teil des Pakets, und manchmal bist du dabei der Hauptdarsteller in einer Rom-Com, der du nie sein wolltest. Mit einer Mischung aus Taktik und Charme kannst du sie aber oft locker um den Finger wickeln.

16

NACHBARN

Ganz gleich, ob ihr eine geerbte Wohnung bewohnt, für die blöderweise die halbe Verwandtschaft einen Schlüssel hat, oder ob ihr drei Viertel eures Monatsgehalts und eure Seele für eine stylische Mietwohnung hingeblättert habt: Nachbarn kommen oft direkt aus der Hölle. Irgendwie haben sie es sich zur Lebensaufgabe gemacht, sich jeden Tag neue Methoden auszudenken, um euch den letzten Nerv zu rauben. Täglich Knoblaucheintopf zu kochen und den Duft großzügig ins Treppenhaus entweichen zu lassen, reicht ihnen schon lange nicht mehr. Man denke nur an die Dame aus dem dritten Stock, die fest davon überzeugt ist, dass ihr Parfüm so gut ist, dass der ganze Flur danach duften muss – täglich.

Oder das Kind mit dem Laufrad, das beschlossen hat, dass dieses am besten um 6 Uhr morgens getestet werden sollte. Nicht zu vergessen die Nachbarn, die den Hausflur als persönlichen Abstellplatz entdeckt haben. Dort steht ein Sammelsurium an Dingen, die in ihrer Wohnung keinen Platz mehr finden. Oder die Katzenliebhaberin, deren Tiere euren Eingangsbereich als ihren ganz persönlichen Lieblingsort für kleine „Geschenke“ auserkoren haben. Ihre Duftmarken sind nicht zu „überriechen“.

Und dann ist da noch der ambitionierte Drummer, dessen Rhythmusgefühl so einzigartig ist, dass selbst die Polizei schon vorbeikam, um ihm zuzuhören. Nicht zu vergessen der „ruhige" Rentner, der seine Leidenschaft für Kriegsfilme in voller Lautstärke auslebt, um ein „authentisches Feeling" zu bekommen. Und da sind auch noch der Nachbar mit der Leidenschaft für laute Blockflötenmusik bei Vollmond – weil dann „die Akustik besser ist", das Paar, das entschieden hat, dass die beste Zeit für ihre lautstarken Beziehungsdiskussionen nach Mitternacht ist, der Hobby-Astronom von gegenüber, dessen Teleskop zufällig immer in Richtung eures Schlafzimmerfensters ausgerichtet ist, die Nachbarskinder von nebenan, die glauben, der Flur sei eine Erweiterung ihres Spielplatzes – inklusive Kreidezeichnungen auf eurer Wohnungstür, der Überlebenskünstler, der seine Survival-Fähigkeiten im Flur testet, indem er Feuer ohne Streichhölzer macht – direkt unter dem Rauchmelder, die nette Familie, die ihren Müll sorgfältig nach Farben sortiert, bevor sie ihn im Flur „zwischenlagert" – für das Recycling, natürlich und der Nachbar, der anruft, um sich zu beschweren, dass euer WLAN-Signal so schwach ist – und nachfragt, ob ihr nicht mal den Anbieter wechseln wollt.

Ja, das Leben unter Nachbarn ist wahrlich ein Abenteuer – und wenn man sich inmitten all dieser kleinen Szenen des Alltags wiederfindet, fragt man sich, ob das „Zusammenleben" nicht eher ein nachbarschaftliches „Überleben" ist.

Das Einzige, was noch nerviger ist als nervige Nachbarn, sind Nachbarn, die sich ständig über andere beschweren. Dabei seid ihr selbst eigentlich ein Musterbeispiel für freundliche Nachbarn, und eure Hausgemeinschaft kann froh sein, euch zu haben.

Dennoch gibt es immer wieder Beschwerden über euch. Werfen wir doch einen Blick auf die häufigsten:

- Ihr macht viel zu viel Lärm – insbesondere, wenn ihr es wagt, nach 16 Uhr zu duschen oder nachts die Toilette zu spülen. Unverschämtheit! (Ihr könnt euch glücklich schätzen, jede Nacht einen Geräuschmix aus Stöhnen, miesem Musikgeschmack, Getrampel und Hundegebell als Einschlafhilfe genießen zu dürfen.)
- Eure Fußmatte ist eine Schande für die Nachbarschaft. Auf ihr prangt nicht nur ein „unanständiger" Spruch, sondern es liegt auch seit drei Tagen ein einsamer Grashalm drauf. Ihr Schmutzfinke! (Dass ein paar Stockwerke unter euch jemand aus seinem Eingangsbereich eine Art Escape Room gebaut hat, tut hier natürlich nichts zur Sache.)
- Eure Katze hat bei der Enkelin der Dame von zwei Stockwerken über euch eine Allergie ausgelöst. Jedes Mal, wenn sie ihre Oma alle vier Monate besucht, muss sie zweimal niesen. Skandal! (Das Schoßhündchen der Dame, das euch kürzlich im Vorbeigehen fast die Achillessehne zerfetzt hat, bleibt dabei völlig unbeanstandet.)
- Eure Einkäufe standen letztens genau vor der Tür. Eine Gefahr für Leib und Leben – immerhin ganze drei Minuten, während ihr die letzten Tüten aus dem Auto geholt habt. Was, wenn in dieser Zeit ein Feuer ausgebrochen wäre? (Der Sperrmüll im Treppenhaus, der bald sein einjähriges Jubiläum feiert, ist natürlich eine wertvolle Bereicherung der Hausatmosphäre.)
- Auf eurem Balkon habt ihr Wurstbrot gegessen! Eine ungeheure Rücksichtslosigkeit gegenüber der vegan lebenden Familie neben euch. Ihr Pelzmantel stinkt nun nach Wurst, und ihr solltet gefälligst die Reinigung bezahlen. Glück für sie, dass sie die Übergangszeit mit ihrer Wildlederjacke überbrücken kann.
- Ihr bekommt gelegentlich Besuch, und sogar von unterschiedlichen Menschen. Verdächtig! Wahrscheinlich seid ihr einer dieser Dienstleister, die „Liebesdienste" anbieten. Ihr solltet euch schämen! (Woher eure Nachbarn

so genau wissen, wer wann zu Besuch kommt, geht euch natürlich nichts an.)

- Eure Haustür ist nicht jahreszeitlich geschmückt. Und das zieht das Ansehen der ganzen Nachbarschaft herunter! (Vergesst bitte nicht, eure Dekoration im Voraus mit jedem Nachbarn im Umkreis von mindestens drei Häusern abzustimmen.)
- Ihr grüßt nie jemanden, ihr unhöflichen Subjekte. (Wenn ihr es doch tut, grüßt vermutlich keiner zurück – aber das spielt natürlich keine Rolle, ihr solltet dennoch gefälligst grüßen.)
- Euer Rasen ist mindestens sieben Millimeter zu lang, und ihr habt den Rasenmäher seit über zwei Tagen nicht benutzt. Pfui! (Wenn ihr jedoch mäht, dann bitte nur zwischen 11:00 und 11:08 Uhr, und nur an einem Tag mit „u" im Namen.)
- Ihr nehmt nie Pakete für die Nachbarn an. Warum wohnt ihr überhaupt hier? (Völlig egal, ob ihr überhaupt zu Hause wart, ob der Paketbote geklingelt hat oder ob das Ding in eure Wohnung gepasst hätte.)
- Eure Schuhe stehen gelegentlich vor der Wohnungstür. Eine Katastrophe für das ästhetische Gesamtbild des Flurs! (Der Haufen aus drei kaputten Fahrrädern, einem Plüschsofa und der mysteriösen „Schatztruhe" eurer Nachbarin von gegenüber bleibt hingegen völlig unkommentiert.)
- Euer Auto ist angeblich „immer" an der besten Stelle geparkt. Ihr solltet doch wissen, dass diese Plätze ausschließlich für das goldene Cabrio des Nachbarn reserviert sind. (Nein, dass ihr täglich zwei Stunden früher als er zu Hause seid, zählt natürlich nicht als Ausrede.)
- Ihr habt keinen Gartenzwerg in eurem Vorgarten stehen. Ein schockierender Mangel an Gemeinschaftssinn! (Immerhin haben die anderen Nachbarn für Zwerge mit leuchtenden Augen und grimmigem Blick abgestimmt, damit man sich rund um die Uhr beobachtet fühlen kann.)

- Eure Musik klingt nicht nach Beethoven. An einem sonnigen Sonntagnachmittag habt ihr es gewagt, etwas anderes als klassische Musik zu hören. Skandal! (Aber keine Sorge, euer Nachbar mit der Schlagbohrmaschine sorgt dafür, dass der Rhythmus wenigstens ausgeglichen bleibt.)
- Euer Fernseher ist „zu laut". (Natürlich ist der regelmäßig stattfindende Karaoke-Abend der Nachbarn kein Problem, sondern „ein wertvoller kultureller Beitrag".)
- Ihr habt es gewagt, eine Balkonpflanze zu schneiden, ohne vorher die gesamte Hausgemeinschaft zu informieren. (Damit habt ihr eindeutig gegen das geheime Gartenprotokoll verstoßen und könntet die Pflanzenwelt im Umkreis von fünf Kilometern nachhaltig schädigen.)
- Ihr habt die Haustür zu laut geschlossen. Das hat den Hausfrieden gestört. (Aber wehe, die Haustür bleibt mal offen – nicht auszudenken, wer da alles das Haus betreten könnte!)
- Ihr lüftet zu wenig oder zu viel. Die Balance zu finden ist schwer, aber wehe, ihr versucht es nicht. (Schließlich ist es völlig klar, dass es den Nachbarn mit einem Blick durchs Fenster gelingt, eure Luftfeuchtigkeitswerte genauestens zu beurteilen.)
- Euer Licht brennt „zu lange" am Abend. Es leuchtet ja fast schon wie eine Leuchtreklame. (Die blinkenden Lichterketten von 2017, die euer Nachbar nie abgeschaltet hat, gelten allerdings als „Beitrag zur Hausatmosphäre" und sind somit unverzichtbar.)
- Ihr schaltet morgens um 6:30 Uhr den Wasserkocher an. Warum müsst ihr überhaupt Kaffee trinken? (Der liebe Nachbar hingegen bohrt zur gleichen Zeit fröhlich Löcher in die Wände.)
- Eure Pflanzen gedeihen zu prächtig. Das sorgt für Neid und „veränderte Energien" im Garten. (Klar, dass die Gartenzwerge eures Nachbarn wütend werden.)

- Eure Türklingel ist „viel zu laut“. Wie soll man da seine Ruhe haben, wenn Besuch kommt? (Falls es sich bei eurem Besuch um den Bestellservice handelt, gilt das allerdings als Sünde gegen das „kulinarische Erbe“.)
- Eure Pakete kommen viel zu oft. Ob ihr etwa „onlinesüchtig“ seid? (Die Lieferung eines einzelnen Teelichts hält die Nachbarin allerdings für vollkommen normal).
- Ihr habt das falsche Altpapier in die Tonne geworfen. Euer Karton gehört sicher zum „Papier-Sondermüll.“ (Der Nachbar, der seit Monaten stapelweise Werbeprospekte in die Biotonne wirft, hat natürlich ein Herz für die Umwelt.)
- Ihr habt es gewagt, für kurze Zeit den Staubsauger anzustellen. Das Geräusch war eine echte Beleidigung für das gesamte Haus. (Aber das ausgiebige Staubsaugen eurer Nachbarin jeden Abend ist natürlich Teil ihrer „Wellness-Routine“.)
- Euer Auto ist voll mit Blütenstaub. Wo bleibt euer Sinn für Sauberkeit? (Euer Nachbar zieht jede Woche eine Show mit Wachsen und Polieren ab, die sich gewaschen hat.)
- Eure Pflanze auf dem Balkon lässt gelegentlich ein Blatt fallen. Umweltverschmutzung! (Dass euer Nachbar jedoch regelmäßig seinen Aschenbecher im Garten entleert, ist entschuldbar. Es ist ohnehin alles „kompostierbar“.)

Mal ehrlich: Perfekte Nachbarn werdet ihr für sie ohnehin nie sein. Also ignoriert sie einfach!

17

DER ERSTE GEMEINSAME URLAUB AM MEER

Herzlichen Glückwunsch! Euer erster Urlaub steht bevor. Die Vorfreude auf das Rauschen des Meeres, die endlosen Sandstrände und die wundervollen Sonnenuntergänge ist groß. Ihr stellt euch vor, wie ihr mit einem kühlen Drink in der Hand gemütlich im Liegestuhl sitzt und dem sanften Plätschern der Wellen lauscht. Klingt traumhaft, oder? Falsch gedacht! In Wirklichkeit gibt es da noch diese kleine Sache namens Realität – und die hat ein paar unerwartete Pläne für dich und deine:n Liebste:n. Aber eines ist sicher: Es wird ein unvergesslicher Urlaub am Meer, voller Abenteuer, Romantik und der Erkenntnis, dass sich Liebe im Urlaub ganz neuen Herausforderungen gegenübersieht.

Tag 1

Er – Die Koffer-Challenge

Kaum seid ihr am Flughafen, triffst du zum ersten Mal auf ihren Koffer. Das Ding ist riesig – es könnte fast als dritter Passagier durchgehen. „Was hast du da alles drin?" fragst du vorsichtig. Sie lächelt nur und meint, es sei „nur das Nötigste". Sobald ihr gelandet seid, realisierst du: Dein Urlaub hat soeben begonnen, und du bist der offizielle Gepäckträger. Dein Koffer ist das Leichtgewicht. Ihr Koffer? Ein Schwergewicht, gegen das sogar die Gepäckwägen protestieren.

Sie – Das Eincheck-Desaster

Ihr kommt an, total erschöpft von der Reise. Er sieht den Eingang des Hotels und verkündet stolz: „Ich mache das schon.“ Dann marschiert er los, und schwups – steht ihr vor einem völlig falschen Gebäude. Nach zwei weiteren Fehlversuchen und einer Google-Maps-Tour durch die Nachbarschaft findet ihr schließlich kurz vor Einbruch der Dunkelheit euer Hotel.

Tag 2

Teil: 1

Er – Der Strandtag – Das große Lageraufbauen

Heute geht es an den Strand. Während du dich auf ein lockeres Hinlegen und Genießen der Sonne freust, startet sie das Strand-Lageraufbau-Programm. Aus der Strandtasche zaubert sie eine unendliche Ausrüstung an Utensilien: Handtücher in allen Größen, eine Kühlbox und einen halben Drogeriemarkt in Cremeform. Dein Job: Sonnenschirm aufstellen. Klingt einfach, oder? Falsch gedacht. Es beginnt mit „etwas tiefer, nein, ein wenig höher, nein, ein wenig nach links“.

Nach zehn Minuten schaufelst du noch immer Sand für die Standfestigkeit, und als sich der Schirm endlich nicht mehr bewegt, weht diese sanfte Brise über das Meer. Der Schirm entgleitet dir endgültig aus den Händen, macht einen netten Flugbogen und landet auf der Liege eures Nachbarn. Sie murmelt nur: „Lass mich mal.“ Dann weißt du, dass du verloren hast.

. . .

Sie – Der Strandtag – Der Anfang vom Chaos

Du hast den Wecker gestellt, damit ihr „ganz früh am Strand seid und die schönsten Plätze kriegt". Er rollt sich im Bett noch zweimal hin und her, murmelt etwas von „Erholung im Urlaub", und gegen Mittag schafft ihr es tatsächlich zum Strand. Dort beginnt das Abenteuer „Sonnenschirm aufstellen". Er besteht darauf, dass ihr das Ding ganz ohne Anleitung zusammenbaut – es ist ja nur ein Schirm. Eine Stunde später steht er endlich dort, wo er soll, weil du ihn ohne Probleme aufgestellt hast.

Teil: 2

Sie – Das Thema „Sonnenschutz"

Jetzt wird es ernst: Du packst die Sonnencreme aus, weil du genau weißt, was die Sonne hier mit einem machen kann. „Ach Quatsch", sagt er und behauptet: „Ich habe mediterrane Haut, ich verbrenne mich nicht." Drei Stunden später hat er die Farbpalette eines gekochten Hummers angenommen und jammert alle zwei Minuten darüber, dass „Sonnencreme vielleicht doch eine gute Idee gewesen wäre".

Notiz an dich selbst: Im nächsten Urlaub gibt es für ihn Sonnencreme mit Lichtschutzfaktor 100 – oder einen Sonnenschutz-Ganzkörperanzug.

Er – Das Sonnencreme-Massaker

Am nächsten Tag greifst du nach der Sonnencreme, die du in Wahrheit abermals nur halbherzig auftragen willst, aber sie ist überzeugt, dass du dich heute eincremen musst, „sonst verbrennst du wieder wie gestern". Sie schmiert dich von oben bis unten ein, bis du das

Gefühl hast, dich nur noch gleitend durch den Sand zu bewegen. Dann kommt die Krönung: das Gesicht. Das weiße, glänzende Kunstwerk, das sie in liebevoller Detailarbeit aufträgt, lässt dich aussehen wie ein humanes Stranddenkmal – perfekt für jedes Touristenfoto.

Tag 3

Sie – Der romantische Strandspaziergang

Du hast dir das wunderschön vorgestellt: romantischer Spaziergang, Hand in Hand, barfuß im Sand. In deiner Vorstellung ist das ja auch wunderschön. Die Realität? Er stolpert nach fünf Minuten über eine Muschel und flucht erstmal. Danach stellt er sich die wichtige Frage, ob das Meer auch wirklich „ordentlich sauber" ist und warum es „so kalt" (26 Grad!) ist.

Und dann, die Krönung: Die erste Welle trifft ihn unerwartet bis zur Badehose. „Also so habe ich mir das nicht vorgestellt", murmelt er und sieht dich an, als hättest du die Welle höchstpersönlich auf ihn losgelassen. Du versuchst, romantisch zu sein und legst deinen Kopf an seine Schulter, aber er ist mehr damit beschäftigt, darüber zu jammern, dass seine Shorts jetzt nass sind und euch noch der „lange" Rückweg bevorsteht.

Er – Im Algenmeer

Sie besteht auf einem romantischen Strandspaziergang. Du denkst an einen gemütlichen Fußweg am Strand entlang, Hand in Hand. Aber sobald die Wellen eure Knöchel umspielen, schreit sie auf: „Ist da was im Wasser? War das eine Krabbe?" Der Strandspaziergang wird zum Slalomlauf zwischen Muscheln, Seegras und allem, was sie als „lebensbedrohlich" einstuft.

Als eine besonders „fiese" Alge ihren Knöchel streift, hüpft sie förmlich zurück, als wäre es eine Giftschlange, und fragt ernst: „Können

Algen eigentlich beißen?“ Deine Antwort – „Ganz bestimmt, deswegen tragen die Fischer Gummistiefel“ – bringt dir einen finsteren Blick und die Frage ein, warum du immer alles ins Lächerliche ziehen musst.

Tag 4

Sie – Das Schnorchelabenteuer

Heute soll es aufregend werden: Schnorcheln! Du siehst euch schon, wie ihr zusammen bunt schillernde Fische bewundert und majestätisch durchs Wasser gleitet. Er ist jedoch von Anfang an etwas skeptisch, weil „Fische ihm irgendwie unheimlich sind“. Aber er setzt die Schnorchelmaske auf und ist bereit, dich zu beeindrucken. Du steckst den Kopf ins Wasser und siehst direkt vor dir einen Schwarm bunter Fische, die neugierig herumschwimmen. „Wunderbar“, denkst du – bis er anfängt, hektisch zu strampeln und wild die Arme zu bewegen.

„Die Fische kommen mir zu nah!“, ruft er und zieht die Schnorchelmaske ab, wobei er prompt einen großen Schluck Meerwasser erwischt. Du versuchst, nicht zu lachen, aber als er sich leicht hustend an dich klammert und sagt: „Also, das mit dem Schnorcheln ist irgendwie nicht so mein Ding“, ist es vorbei. Aus dem ruhigen Schnorcheln wird eine Rückreise an Land, die fast wie ein Baywatch-Rettungseinsatz aussieht – nur mit weniger Glamour.

Er – Eben mal ein wenig shoppen

Am Nachmittag ist „Stadttag“, was bedeutet: Sie will die kleinen, süßen Boutiquen „nur mal kurz anschauen“. Diese vier Wörter sind ein Synonym für: „Bereite dich darauf vor, die nächsten zwei Stunden an jeder Ecke Taschen, Ohrringe und Vintage-Kleidung zu bestaunen.“ Jedes Teil ist potenziell „so süß!“ oder „das perfekte Souvenir“. Dein Job: Geduld zeigen und kurz verschwinden, wenn sie „nur schnell nach etwas anderem“ Ausschau halten will.

Der Trick? Bleibe absichtlich etwas hinter ihr und entdecke den einzigen Laden in der Nähe, der einen Fernseher mit Sportübertragung hat. Soll sie in Ruhe stöbern – du gönnst dir die Halbzeitpause.

Tag 5

Sie – Das Selfie-Dilemma

Ein Urlaub ohne Fotos ist schließlich wie ein Strand ohne Meer. Du bereitest das perfekte Selfie vor – Sonnenuntergang, perfektes Licht, alles bereit.

Aber dein Liebster hat entweder die Augen halb zu oder schaut irgendwo in die Ferne, als hätte er gerade eine Meerjungfrau gesichtet.

„Lächle doch mal richtig“, sagst du und versuchst, ihn ein wenig zu motivieren. „Ich lächle doch“, murmelt er, aber es sieht eher aus, als hätte er Bauchschmerzen.

Nach zehn Versuchen hast du zumindest ein Bild, auf dem ihr beide irgendwie menschlich ausseht. Er atmet auf und sagt: „Super, lass uns jetzt endlich was essen gehen.“

Er – Der Selfie-Marathon

Heute wollt ihr den perfekten Tag am Strand genießen. Deine Vorstellung: Hinlegen, Augen zu und dem Rauschen des Meeres lauschen.

Ihre Vorstellung? Ein Selfie nach dem anderen. Das Setting: Am Strand, am Wasser, auf den Steinen, im Wasser – und natürlich immer, wenn du denkst, es ist endlich vorbei, kommt „nur noch eins“.

„Lächle doch mal ein bisschen natürlicher", sagt sie und stellt das Bild ein wenig um. Nach fünfzehn Versuchen hast du immerhin ein Selfie geschafft, das sie akzeptabel findet, und du bist so fertig, als hättest du gerade ein Ganzkörper-Fotoshooting für das Hochglanzmagazin „Strand und Meer" hinter dir.

Tag 6

Sie – Das Dinner am Strand – mit Überraschungen

Der romantische Höhepunkt des Urlaubs: ein Dinner am Strand. In deiner Vorstellung: ein Abend voller Sternenlicht und Champagner. In der Realität? Er schlägt für euch beide Pizza vor – „weil man ja nicht übertreiben muss". Du setzt dich durch und ihr geht in ein schickes Restaurant am Strand.

Er – Das Dinner am Strand – mit Überraschungen

Du siehst die Michelin-Sterne, die das Restaurant zieren, schon von Weitem, und spürst sofort, wie deine Brieftasche kurz aufschreit.

Als sie die Speisekarte ansieht, schmilzt sie dahin: „Oh, das klingt alles so gut! Sollen wir vielleicht die ‚Meeresfrüchte-Platte für zwei nehmen?"Was dann serviert wird, übertrifft deine kühnsten Vorstellungen – die Platte ist eine skurrile Meereskreaturen-Mischung, die an ein wissenschaftliches Experiment erinnert. Garnelen mit Augen, Muscheln, die noch halb am Leben zu sein scheinen, und etwas, das wie ein Alien-Calamari aussieht. „Probier doch mal!", fordert sie dich auf. Du nimmst eine winzige Gabelportion und dir wird totenübel. Der Abend ist gelaufen.

Tag 7

Sie – Rückblick

Ihr beide sitzt am letzten Abend zusammen auf der Terrasse eures Hotels, du genießt ein Glas Wein, und er sieht aus wie ein zufriedener, leicht geröteter Abenteurer. „War das nicht ein toller Urlaub?“, fragt er und legt den Arm um dich. Du denkst an den fliegenden Sonnenschirm, die verbrannten Schultern, den gescheiterten Schnorchelausflug und das nette Dinner im Strandrestaurant – und du lächelst.

Denn ja, irgendwie war es ein toller Urlaub. Chaos und Abenteuer inklusive. Wer braucht schon perfekte Urlaubstage?

Er – Fazit

Du überlegst, wie schnell eine Woche eigentlich vergehen kann – vor allem, wenn sie vollgepackt ist mit Schirmkämpfen, Selfies und seeeeehr langen Shopping-Touren. Innerlich zählst du kurz alle Sandkörner durch, die in deinen Schuhen gelandet sind.

Aber irgendwo war es doch ein Traumurlaub – auch wenn deine Vorstellung von Romantik vielleicht eine andere war als ihre. Ein Urlaub voller Abenteuer. Dafür, dass du auch nicht das kleinste Detail vergisst, sorgen ohnehin ihre Selfies.

18

WENN ES DOCH NICHT FÜR IMMER WAR ...

Nicht immer wird es ein „Für immer" oder „Bist der Tod euch scheidet". Warum nicht einen letzten Brief, so eine Art Abschiedsbrief, an jene Person schreiben, mit der du in der Vergangenheit so einiges an Zeit verschwen ... ähm verbracht hast. Sie soll doch wissen, was für Juwel sie in deinem Leben darstellte und was es nun für dich bedeutet, (endlich) ohne sie weiterleben zu müssen (dürfen!).

Mein lieber Ex,

die letzten paar Monate/Jahre unserer „romantischen" Expedition waren ein echtes Abenteuer, vergleichbar mit einer Achterbahnfahrt ... nur ohne Sicherheitsgurte und mit viel zu vielen Loopings. Ich erinnere mich noch gut an unser erstes Date: Du sagtest nur „Ich bin nicht wie die anderen", und ich dachte mir: „Stimmt irgendwie". Trotzdem wurden wir ein Paar, und was soll ich sagen? Du hast erfolgreich bewiesen, dass mein erster Eindruck vollkommen richtig war. Du bist zweifelsfrei so einzigartig anstrengend, dass man in früheren Zeiten Epen über deine Fähigkeit, meinen Geduldsfaden zu strapazieren, verfasst hätte.

Eigentlich verdiene ich eine Medaille dafür, dass ich deine gastronomische Risikobereitschaft und deinen Musikgeschmack so lange ertragen habe, ohne das Gesundheitsamt einzuschalten oder heimlich deine Playlist zu löschen. Deine Vorstellung von einem „perfekten Abendessen“ bestand darin, ein halbes Glas Ketchup über halbgekochte Nudeln zu kippen und es als „Pasta mit Tomatenreduktion“ zu servieren. Ein weiteres Highlight war dein Versuch, Spiegelei mit „kreativen Einlagen“ zu machen – wer hätte gedacht, dass Thunfisch, Paprika und Nutella gemeinsam in einer Pfanne enden können? Kochen erfordert Mut, das wurde mir an deiner Seite klar.

Aber lass mich ein wenig weiter ausholen, um all deine Talente und Qualitäten, die du mit so viel Hingabe in unsere Beziehung eingebracht hast, zu würdigen.

Ich habe dich offen gesagt immer dafür bewundert, wie du es geschafft hast, jede Form von Zeitgefühl komplett auszuschalten. Ein Treffen um acht Uhr? Klar, war nur als Empfehlung gedacht. Als Richtlinie, genauer gesagt. Denn du kamst einfach dann, wenn es sich für dich gut anfühlte – und das war in der Regel eine halbe Stunde später. Ein Leben im Hier und Jetzt, völlig unbeeindruckt davon, dass alle anderen längst im Restaurant warteten.

Eine echte Romantik-Größe warst du auch bei der Auswahl der Date-Locations. Deine Idee von einem romantischen Abend am „See“ entpuppte sich als Pfütze im Park. Du warst ein Mann der kleinen Gesten – und das meine ich wirklich ernst. Wer hätte gedacht, dass sich ein romantischer Spaziergang auf einer Baustelle so authentisch anfühlen kann? Natur pur, ein wahres Date-Erlebnis.

Nicht zu vergessen deine legendäre Date-Organisation. Dein Motto war: „Planung ist überbewertet.“ Unsere Dates waren oft wie ein Überraschungspaket – nicht, weil du es spannend machen wolltest, sondern weil das Restaurant meistens schon geschlossen hatte, wenn wir ankamen.

Ach, und dann war da dein unübertroffenes Talent, überall Chaos zu verbreiten. Jeder Raum, den du betreten hast, sah nach wenigen Sekunden aus wie dein persönlicher Trödelladen. Socken auf dem Tisch, Laptop auf dem Boden, Jacke über dem Stuhl, und dazwischen irgendwie noch du. Ich habe irgendwann aufgegeben, dir zu erklären, dass es Erfindungen gibt, die sich Schrank, Regal oder Schublade nennen. Du hast dir deine persönliche Ordnung geschaffen.

Deine Sauberkeitsphilosophie war überhaupt revolutionär. „Unter dem Sofa sieht man doch nichts" – dieser Satz wird mir noch lange in Erinnerung bleiben. Da du das Chaos als Kunstform verstanden hast, kreiertest du eine Definition von „sauber", die sogar Marie Kondo verwirrt hätte. Der Staub war dein Freund. Und der Staubsauger? Den hast du als Dekoration verwendet.

Eine ganz besondere Gabe war auch deine selektive Hörfähigkeit. Unglaublich, wie sehr du dich auf deine innere Welt konzentrieren konntest! Vor allem, wenn ich Fragen wie „Kannst du bitte den Müll rausbringen?" oder „Hast du die Rechnung bezahlt?" stellte. Du hast den faszinierenden Trick, dich tief in Gedanken zu verlieren, zu einer wahren Meisterschaft entwickelt – in Gedanken, die dich besonders dann übermannten, wenn es um lästige Verpflichtungen ging. Dein Timing war einfach meisterhaft.

Aber ich will fair bleiben und auch deine Begabung für kreative Ausreden erwähnen. Kein Mensch, den ich kenne, hat sich so bemüht, dem Sport zu entkommen wie du. Deine Ausreden waren einfach next level: „Allergisch gegen Schweiß" war mein persönlicher Favorit. Aber auch „Ich habe gerade Muskelkater vom Schlafen" fand ich beeindruckend.

Andererseits war unsere gemeinsame Zeit aber auch wie ein unendlicher Sommer – oft viel zu heiß und mit häufigem Sonnenbrand, weil man die Realität unterschätzt hat. Als du sagtest, „Selbst im schlimmsten Sturm gibt es einen Regenbogen", während wir im Regen standen und auf den Abschleppwagen warteten, wusste ich, deine Positivität kennt keine Grenzen. Deine Fähigkeit, in jeder noch so aussichtslosen Situation das Gute zu sehen, selbst wenn das „Gute" nur darin bestand, zu hoffen, dass es nicht noch schlimmer kommt, war beeindruckend.

Ich habe auch noch deine Devise „Stress ist nur ein Zustand des Geistes" im Ohr und erinnere mich an die vielen Male, als du einfach eingeschlafen bist. Fast schon beeindruckend deine Fähigkeit, überall und jederzeit zu relaxen. Dein Talent, jede Situation mit einer beispiellosen Ruhe zu meistern, selbst wenn das Haus (fast) brennt, weil du vergessen hast, den Herd auszuschalten, ist legendär. Dein erklärtes Lieblingswort war „chillen".

Aber was sage ich, das war geradezu deine Lebensphilosophie. Für alle deine „Lass uns einfach sehen, was passiert"-Entscheidungen und für jedes Mal, wenn ich dich sanft daran erinnerte, dass Termine und Fristen keine gesellschaftlichen Optionen, sondern Realitäten sind, hätte ich eine Medaille verdient. Nun, da unsere gemeinsamen Tage enden, ist es schade, dass wir nie herausgefunden haben, ob es möglich ist, das Leben vollständig im Liegestuhl zu verbringen. Ich hoffe, dass deine Zukunft voller Hängematten, sanfter Wellen und ohne Termine ist.

Ach, und dann dein Umgang mit Geld. Die Magie des Verschwindens. Geld tauchte in deinem Leben nur kurz auf und verabschiedete sich dann ganz still, irgendwo in Richtung der Sneakers, die du „noch unbedingt gebraucht" hast, oder der unzähligen morgendlichen Kaffeekreationen, ohne die dein Tag „absolut nicht funktionieren" konnte. Unsere gemeinsame Kasse war stets so leer wie dein Konto, aber irgendwie hast du es geschafft, nie aus der Ruhe zu kommen. Ein wahrer Buddha des Bankkontos – leeres Konto, leerer Geist.

Das bringt mich direkt zu deinen legendären Geschenkideen. Du hast es geschafft, mir jedes Mal etwas zu schenken, das mich fragen ließ, ob du mich wirklich kennst oder einfach Google gefragt hast, was „Frauen so mögen". Einmal hast du mir ein Buch über „Effiziente Steuererklärungen" geschenkt. Steuererklärungen. Zum Geburtstag. Nicht, dass ich Steuererklärungen nicht wichtig finde, und du hast dir sicher auch etwas dabei gedacht. Nur was genau, weiß ich leider nicht. Du hast schlichtweg die Kunst perfektioniert, Geschenke zu wählen, die sagen: „Ich habe keine Ahnung, was dir Freude bereiten könnte.

Ah, und dieser Modegeschmack. Du und deine Socken-in-Sandalen-Kombination. Du hast sie mit so viel Selbstbewusstsein getragen, dass ich irgendwann dachte: Vielleicht ist es ja ein Fashion-Statement. Bei jedem Date hast du es geschafft, irgendetwas Überraschendes anzuziehen. Jeansjacke zur Jogginghose, Hawaii-Hemd unter der Anzugjacke – dein Modeempfinden war eine Reise in eine andere Dimension. Man musste dich nicht sehen, um zu wissen, dass du da warst, man brauchte nur einen Blick auf die Schuhe zu werfen.

Unsere gemeinsame Reise war aber auch wie ein endloser Debattierclub – lehrreich, manchmal ermüdend, und immer mit dem unausweichlichen Schluss, dass du recht hast. Deine Fähigkeit, aus jeder Diskussion als Sieger hervorzugehen, selbst wenn du über das Wetter oder die Farbe der Tapete argumentiert hast, ist so legendär, dass sogar Sokrates neidisch aus dem Hades blickt. Du bist unbestreitbar dermaßen überzeugend in deiner Argumentation, dass ich anfing zu glauben, dass „alternative Fakten" eine anerkannte Wissenschaft sind. Ich erinnere mich an die Male, als ich darüber nachdachte, eine Umfrage zu starten, nur um zu beweisen, dass nicht die ganze Welt gegen dich ist – nur ich. Übrigens repräsentiert dieser Absatz auch die kollektive Meinung aller Bücher in unserem Regal, die du nie gelesen, aber zu denen du stets eine Meinung hattest.

Doch man soll auch an schöne Momente zurückdenken, die wir miteinander verbracht haben. Wirklich glücklich war ich, als es mir endlich gelungen ist, mit deinem autistischen Goldfisch Augenkontakt aufzunehmen. Diesen erhebenden Moment werde ich nie vergessen. Vielleicht auch nicht, da dies genau an dem Tag war, an dem du wie auch im vergangenen Jahr meinen

Geburtstag vergessen hattest.

Du erinnerst dich vielleicht daran, dass ich häufig sehr zufrieden gelächelt habe, wenn wir uns unterhielten. Das liegt daran, dass ich in diesen Momenten unzählige Male davon geträumt habe, dir mal so richtig schön die Meinung zu sagen und im Anschluss in deine Wohnung zu marschieren, auf deinen Couchtisch zu steigen und nicht nur all deine ach so lustigen Sammeltassen zu zertrümmern, sondern auch die Poster deiner Fußballmannschaft zu zerreißen (Zur Erinnerung: Du bist 32!).

Dazu wird es jetzt leider nicht mehr kommen, denn unsere „Zusammenarbeit“ hat ihr jähes Ende gefunden. Schade eigentlich. Du weißt ja, es heißt, man begegnet sich immer zweimal im Leben. Ich hoffe, nach dem heutigen Tag begegnet höchstens noch mein Blockierbutton deinem Instagram-Profil.

Für dein weiteres Liebesleben wünsche ich dir, und dass deine Karriere in der Romantik nicht mehr verläuft wie ein Labyrinth, sondern endlich weniger Sackgassen aufweist als in unserer Beziehung.

Herzliche Grüße

deine nun glücklich(er)e Ex

PS: Dieser Brief spiegelt vollinhaltlich die Meinung meiner Freunde und Familie wider. Insbesondere mein Hund und meine Zimmerpflanze bestellen ihre besten Grüße

Liebe Ex,

bevor ich die letzten noch verbliebenen Erinnerungen an unsere Beziehung endgültig in der hintersten Ecke meines Kopfes ablagere, muss ich dir einfach noch mal eine kleine Hommage widmen – an all die besonderen Eigenschaften, mit denen du unser gemeinsames Leben in ein – wie soll ich das charmant ausdrücken? – schwer vergessliches Abenteuer verwandelt hast.

Es war faszinierend, wie du in einem endlosen kreativen Prozess ständig nach deinen Schlüsseln suchtest. Denn dein Gedächtnis war ... besonders selektiv. „Wo ist das Ladekabel?", „Hast du mein Handy gesehen?", und das klassische „Hast du die Fernbedienung wieder woanders hingelegt?" waren deine Standardfragen. Egal, ob es um die Fernbedienung, dein Ladekabel oder deine Schlüssel ging – du konntest sicher sein, dass ich sie irgendwo im Chaos aufspüren würde, das du so liebevoll „deine persönliche Ordnung" nanntest.

Besonders wertvoll war ganz generell dein Minimalismus im Haushalt. Es war schon beeindruckend, wie du es geschafft hast, mit so wenig auszukommen – sei es bei der Anzahl der Teller (immerhin, wer braucht schon mehr als einen sauberen pro Woche?), der Kissen auf dem Bett (die Hälfte nur Deko) oder der Lebensmittel im Kühlschrank (Mayo und ein halbvolles Glas Oliven als Basis für jedes erdenkliche „Gericht").

Dieser Minimalismus war natürlich auch beim Putzen zu spüren: „Warum Staub wischen? Der kommt doch ohnehin wieder!" Deine Philosophie der „natürlichen Raumgestaltung" hat mir völlig neue Perspektiven eröffnet. Wozu ein makelloses Wohnzimmer, wenn man stattdessen die Dinge einfach dort belassen kann, wo sie zuletzt gebraucht wurden?

Und dann dein grandioser Hang zum Multitasking. Du hast es tatsächlich geschafft, gleichzeitig ein Gespräch zu führen, dein Handy zu durchforsten und über wichtige existenzielle Fragen des Lebens nachzudenken – zumindest nehme ich an, dass das die Erklärung war, warum du manchmal plötzlich einfach so abgeschaltet hast, wenn ich mit dir Wichtiges besprechen wollte.

Ach ja, dann dein Musikgeschmack! Ein einzigartiges Erlebnis, besonders die Dauer-Schleife deiner fünf Lieblingssongs, die in meinem Gehirn nun wohl bis ans Lebensende eingebrannt bleiben. Autofahrten fühlten sich wie eine ungewollte Karaoke-Show an, und ich muss sagen, dein Enthusiasmus für wirklich laute Musik und Taylor Swift war ... inspirierend.

Ach ja, und wie könnte ich die kulinarischen Abenteuer mit dir jemals vergessen? „Kochen" war bei dir ja eher eine philosophische Idee als eine praktische Tätigkeit. Während andere Menschen das Wort „Ofen" mit „backen" verbinden, hast du den Backofen bestenfalls benutzt, um ihn zu einem Lagerplatz für diverse Pizzakartons umzufunktionieren.

Ich habe irgendwann aufgehört, an frische Pasta oder einen Salat zu glauben – wenn es ums Essen ging, war deine erste Frage immer: „Was bestellen wir heute?" Du hattest das Menü jedes Lieferservices im Umkreis auswendig drauf, samt App am Handy und der ungefähren Lieferzeit. Ganz ehrlich, ich bin mir sicher, dass wir die wirtschaftliche Existenz mindestens dreier Restaurants gesichert haben.

Da erinnere ich mich auch gleich an deine Vorstellung von einem romantischen Abendessen. Du hast es sicher auch noch nicht vergessen, das „Candle Light Dinner", das du so liebevoll für uns arrangiert hast? Deine exklusive Tiefkühl-Lasagne, ein improvisiertes Knoblauchbaguette und die Weinflasche? Leider ohne Korkenzieher. Auch die Kerzen hattest du vergessen. Wir haben gekämpft, uns mit Schraubenzieher und Messer durchgearbeitet, bis der Wein irgendwann im Glas landete – oder zumindest das, was noch davon übrig war. Nichts bringt „Ich liebe dich" besser zum Ausdruck als eine Lasagnepackung und Korkenreste im Glas.

Und dann dein besonderes Talent für Deko. Die Wohnung hatte dank dir den Stil eines Gothic-Cafés. Du konntest nicht einfach nur eine Kerze aufstellen, nein – es mussten gleich dreißig sein, am besten in jeder Ecke des Zimmers, auf dem Fensterbrett, im Flur, in der Küche, und, wenn es passte, sogar im Schuhregal. Da war ich schon mal nah dran, einen Feuerlöscher neben das Sofa zu stellen.

Und das muss auch erwähnt werden: Nicht jede Frau bringt es fertig, die Wohnung das ganze Jahr über im Glanz von Weihnachtslichtern erstrahlen zu lassen. Du hast die Weihnachtsdeko so platziert, dass sie sowohl im April als auch im August perfekt zur Stimmung passte. Klar, wir waren die Einzigen, die im Hochsommer noch den Duft von Zimtkerzen hatten, aber damit konntest du Zeit sparen – und die Deko direkt für nächste Weihnachten hängen lassen.

Eine weitere Goldgrube unserer Beziehung war deine Begeisterung für Urlaub – wobei deine Definition von „Urlaub" wohl eher „Extrem-Ausdauersport" lautete. Als ich von Erholung sprach, dachtest du an einen Reise-Marathon. Jeder Ort wurde bis auf den letzten Fleck erkundet. Erholung? Fehlanzeige! Als ich vorschlug, einen Tag am Strand zu entspannen, hast du nur gelacht und gesagt: „Ach was, das ist doch langweilig! Wollen wir nicht stattdessen einen Vulkan besteigen oder die alte Ruine dort hinten erkunden?" So wurden unsere Urlaube zum wahren Marathon aus Sehenswürdigkeiten, langen Wegen und ewigem Tempo. Selbst die Tourguides konnten irgendwann nicht mehr mithalten.

Und dann war da noch dein enormer Ehrgeiz beim Zocken. Ich erinnere mich an diesen legendären Spieleabend, an dem wir uns stundenlang beim Kartenspielen duellierten. Dein Standardsatz, wenn du verloren hattest? „Bestimmt hast du geschummelt!" Du hattest ein bemerkenswertes Talent, das Schicksal zu deinen Gunsten zu verbiegen und mich als den heimlichen Schwindler hinzustellen.

Unvergesslich ist auch deine unvergleichliche Technik beim Einparken. Du hast das Auto in die kleinsten Lücken gezwängt, auch wenn wir drumherum so viel Platz hatten wie auf einem Flughafenparkplatz. Du warst die Meisterin der „gefühlten Mitte" und hast es geschafft, so nah am Bordstein zu parken, dass ich beim Aussteigen regelmäßig akrobatische Höchstleistungen vollbringen musste. Und dann dieser Rückwärtsgang! Deine Interpretation von „gerade Einparken" hatte etwas Eigenwilliges. Oft stand das Auto am Ende so schräg, dass es aussah, als hätte es beschlossen, einfach mal gegen die Straßenverkehrsordnung zu rebellieren. Jeder Einparkvorgang wurde zu einem Abenteuer aus Spannung und der bangen Hoffnung, dass Bordstein und Lack diese Begegnung unbeschadet überstehen.

Dann war da noch deine unerschöpfliche Leidenschaft für Serien-Marathons. Ich muss wirklich deine Ausdauer bewundern – wer schafft es schon, einen ganzen Tag auf der Couch zu sitzen, ohne auch nur die kleine Zehe zu bewegen? Das nenne ich wahre Hingabe. Während andere sich mal für einen Spaziergang oder eine Kaffeepause aufraffen, hattest du alles, was du brauchtest: die Couch, eine Kuscheldecke und die nächste Folge. Zwischen den Staffeln schafftest du es dann gerade mal, in die Küche zu schleichen, um Snacks nachzuladen – Binge-Watching in höchster Perfektion.

Und deine Kreativität bei Ausreden! Die war einfach genial. Ehrlich, ich überlege heute noch, ob in dir nicht ein unentdecktes Genie des Storytellings steckt. Du hattest eine Ausrede für alles – und nicht nur irgendeine, sondern immer eine, die so ausgetüftelt war, dass ich manchmal fast applaudieren wollte. „Der Supermarkt ist heute bestimmt zu voll – ich gehe morgen, da ist die Stimmung besser." Ich meine, wer sonst kommt auf die Idee, dass die „Atmosphäre" das Einkaufen verhindert?

Apropos einkaufen. Unsere gemeinsamen Shopping-Touren waren wie eine Expedition ins Unbekannte – aufregend, gefährlich für unseren Kontostand und immer mit dem Versprechen auf „nur noch einen Laden". Deine Gabe, Schnäppchen zu finden, wo keine sind, und deine Fähigkeit, den Unterschied zwischen fünfzig verschiedenen Weißtönen zu erkennen, ist so beeindruckend, dass selbst die Verkäuferinnen in Ehrfurcht erstarren. Für jedes Mal, wenn ich geduldig wartete, während du das zehnte Paar fast identischer Schuhe anprobiertest, hätte ich einen Orden für Tapferkeit verdient.

Ich erinnere mich wehmütig an die Male, als ich davon träumte, ein Zelt im Einkaufszentrum aufzuschlagen, nur damit wir nicht mehr nach Hause fahren müssen. Im Gedenken an all die ungetragenen Kleider und unbenutzten Treuekarten, die wir gemeinsam gesammelt haben, wünsche ich dir für die Zukunft riesige Einkaufstaschen und eine Kreditkarte, die niemals abgelehnt wird.

Wie könnte ich jemals deine Leidenschaft für extreme Pünktlichkeit unerwähnt lassen? Deine Vorstellung von „pünktlich sein" lag ungefähr drei Stunden vor der eigentlichen Zeit. Kein Restaurant, keine Veranstaltung und kein noch so unerwarteter Stau konnten uns jemals zu spät kommen lassen – im Gegenteil, wir hatten immer ausreichend Zeit, um sogar am falschen Ort zu warten. Manchmal waren wir so früh da, dass ich das Gefühl hatte, wir könnten schon wieder gehen, bevor alles begann. Dein Motto: Lieber einen halben Tag zu früh als auch nur eine Minute zu spät.

Und dann war da deine unkonventionelle Art, Zuneigung zu zeigen. Umarmungen? Körperliche Nähe? Wer braucht das schon, wenn man alles auch per SMS erledigen kann! Romantische Gesten? Benötigten wir nicht – wir hatten E-Mail. Ich werde nie vergessen, wie du es geschafft hast, mir mitten im Raum eine Textnachricht zu schicken, anstatt mir direkt etwas zu sagen – eine Art moderner Liebesbrief im digitalen Zeitalter. Während andere sich vielleicht an die Schulter lehnen, war es bei uns eher ein kleiner Blick aufs Handy. Eine Umarmung? Nein, aber eine SMS mit süßen Emojis – das war für dich die wahre Art, Nähe zu zeigen.

Zu guter Letzt muss ich dir auch noch meine Hochachtung für deine ganz besondere Beziehung zu Pflanzen aussprechen. Du hast es tatsächlich geschafft, jede einzelne in einen Kaktus zu verwandeln. Egal, ob robuste Grünlilie oder hartnäckiger Efeu – unter deiner Pflege auf der Basis „Bitte nicht gießen" haben sie alle beschlossen, ihre Blätter abzuwerfen und das Leben als staubtrockene Deko-Elemente zu führen. Welch botanisches Talent der besonderen Art!

Ja, ich muss dir zugestehen: Stressig war es immer. Ich bin mir sicher, dein nächster Freund wird deine einzigartigen Qualitäten sicher sehr zu schätzen wissen. Und bis dahin wünsche ich dir zur Abwechslung viel Spaß mit Oster-Dekos, nette Erfahrungen mit neuen Lieferservices und vielleicht ein kleines Einpark-Wunder.

Mach's gut und bleib so, wie du bist. Die Welt braucht Menschen wie dich, um das Chaos lebendig zu halten.

Herzliche Grüße

dein Ex

Magic Touch Publishing
Ragnitzstraße
8047 Graz, Österreich

Printed in Poland
by Amazon Fulfillment
Poland Sp. z o.o., Wrocław

42995944R00103